Nadine

FILLES D'ÈVE

DU MÊME AUTEUR

Les Enfants de Jocaste, 1980 *Éditions Denoël*
La Psychafamille, 1988 *Éditions Denoël*
Les Fils d'Oreste, 1994 *Éditions Flammarion*
L'Ogre intérieur, 1998 *Éditions Fayard*
Petit livre à l'usage du père, 1999 *Éditions Fayard*

Christiane Olivier

FILLES D'ÈVE
LA RELATION MÈRE-FILLE

DENOËL
MÉDIATIONS

Nouvelle édition, 2000
9, rue du Cherche-Midi, 75006 Paris
ISBN 2-207-25079-2
B 25079-7

Introduction

En un temps où nombreuses sont les femmes qui envisagent d'élever seules leurs enfants, seules leurs filles, n'est-il pas sage de savoir de quoi se compose cette relation mère-fille ?

Est-ce qu'une mère, si bien intentionnée soit-elle, peut répondre à tous les besoins inconscients de sa fille ?

De quoi est faite une relation que tout le monde s'accorde à trouver compliquée, et que Freud lui-même n'a pas su expliciter puisqu'il se tenait du côté de l'homme et ne voyait en la femme que la mère... comme beaucoup de psychanalystes encore aujourd'hui !

Que veut dire cette phrase que j'entends si souvent sur le divan : « J'ai tout fait faux. » De quel « faux » s'agit-il ? Par rapport à quelle loi établie d'avance ? Qui détient la loi de la petite fille ?

Autant de questions à se poser quant à la vie de ces petites filles qui deviennent les femmes de demain et qui ont à conquérir leur place sociale sans tourner le dos à leurs désirs humains d'amour, d'enfants, de famille.

Apprendrons-nous à nos filles qu'un père ça ne sert à rien ? Ici vous allez découvrir que, tout au contraire, un père est nécessaire, irremplaçable par moments et que seul un homme peut apporter certaines réponses à sa fille.

Ici chaque femme retrouvera un peu d'elle-même, et reconnaîtra au passage sa mère, sa fille, sa sœur... quel que soit son âge, chaque femme lira son histoire d'aujourd'hui, d'hier ou de demain. N'est-ce pas nécessaire à l'heure où notre vie se voit prolongée par la médecine bien au-delà du temps de la maternité ?

Comment traverser d'un pas égal cette vie ou trop terne ou trop colorée ? Comment éviter de rêver de celle qu'on n'est pas, ou de pleurer celle qu'on ne sera plus ? Ceci est l'histoire d'une voyageuse qui tour à tour a trop de bagages ou pas assez, mais dont le voyage continue...

Chapitre premier

Naître au féminin

Ils sont jeunes, amoureux, attendrissants, ils annoncent qu'Elle attend un enfant et tout le monde entend cet enfant comme le fruit de leurs désirs partagés ayant pris forme humaine. Au début, peu leur importe de savoir quelle sera cette forme, masculine ou féminine. C'est leur enfant, il a la couleur de leur amour, ils ne veulent pas en connaître tout de suite le sexe qui, ils le sentent confusément, pourrait les séparer l'un de l'autre.

Certains parents, même, ne voudront pas être informés du sexe de l'enfant lors des différentes échographies. Parce qu'ils tiennent à garder leur impartialité vis-à-vis de celui qui va venir. Ils savent de façon innée et naturelle que ce qui concerne le sexe ne les laisse JAMAIS indifférents. Et ils veulent retenir le plus longtemps possible leur réaction inconsciente et conserver cet enfant « imaginaire », tel qu'il a été conçu lors du coït : un enfant venu d'eux et semblable à tous les deux.

C'est un enfant « imaginaire » qu'attendent bien des parents, mais la réalité va avoir raison de la fiction car l'enfant à naître est pourvu d'un sexe bien réel : masculin comme lui ou féminin comme elle.

Parce que les parents sont eux-mêmes des êtres sexués, la nature de leur amour pour l'enfant est obligatoirement influencée par le sexe de celui-ci. Selon que l'enfant est d'un sexe ou de l'autre, il reçoit de chacun de ses parents un message inconscient différent :

– Chaque parent voit dans l'enfant de *même sexe que lui,* un possible recommencement. Il se représente déjà l'avenir de cet enfant, en fonction de son *propre passé,* et il l'englobe, voire l'enferme dans un « projet identificatoire » auquel l'enfant répondra plus ou moins selon que le parent demandera moins ou plus. C'est ce parent *qui sert de modèle* d'identité à accepter ou à refuser par l'enfant.

– Chaque parent voit dans l'enfant *de sexe opposé,* celui qui est « différent » et qui a quelque chose que lui « n'a pas », mais qui, passant par sa lignée, lui « appartient » un peu. L'enfant de sexe opposé *enrichit* son parent en lui apportant l'autre versant de la sexualité, et le parent se trouvant ainsi complété envoie à l'enfant le message œdipien inconscient : « Il est bon que tu sois ce que tu *es* », message confortant pour l'identité sexuelle de l'enfant qui se trouve bien d'*être* ce qu'il est. Ce parent de sexe opposé est *parent œdipien* de l'enfant.

Ces deux relations inconscientes émanées des parents s'instaurent dès le premier jour et l'Œdipe ne naît pas à trois ans comme on a tendance à le croire (car c'est là que l'enfant l'exprime) mais beaucoup plus tôt.

Comme nous le voyons maintenant clairement, chaque parent a une place bien spécifique auprès de l'enfant. C'est pourquoi l'éducation par un seul parent, la mère le plus souvent, ne va pas sans poser de problèmes. Le garçon manquera du modèle identificatoire du père, la fille manquera du partenaire œdipien que représente le père, tout cela aura des conséquences sur la formation de l'inconscient de l'enfant lors des premières années, et nous en retrouverons les traces à l'adolescence (au travers de l'homosexualité) et à l'âge adulte (au travers de l'amour hétérosexuel).

J'ai déjà expliqué ailleurs [1] comment l'Œdipe du garçon avec la mère paraît favorable dans un premier temps mais « indénouable » par la suite et responsable de la misogynie masculine, et comment le manque d'Œdipe pour la fille avait l'effet inverse, c'est-à-dire que n'ayant noué aucun lien hétérosexuel dans son enfance avec son père, la femme accorde ensuite un trop grand prix à l'amour de l'homme qu'elle idéalise depuis plus de vingt ans !...

La présence de la mère ou d'une autre femme comme seule éducatrice, qui est encore la situation la plus couramment rencontrée dans la famille, favorise le narcissisme du garçon, mais est incapable d'établir celui de la fille. Celui-ci ne pourrait s'établir qu'avec le Père présent, or, le Père actuel, même s'il aime ses enfants, ne s'en occupe guère (5 mn par jour) comparativement à la mère (3 heures) et les nouveaux pères qui partagent les tâches éducatives avec leur femme ne sont pas légion... Il n'y a que 5 % d'hommes qui exercent la fonction paternelle alors que la plupart d'entre eux en exercent le rôle conventionnel : *le rôle de père* se résume à certaines obligations bien connues de tous : donner son nom à ses descendants et assurer leur vie quotidienne par son travail.

La fonction paternelle est beaucoup plus une charge individuelle vis-à-vis de l'enfant qu'une obligation

1. *Les Enfants de Jocaste,* Denoël, 1980.

sociale : actuellement beaucoup d'hommes assurent le rôle de Père, mais en évitent la fonction affective qui est d'aimer l'enfant en le paternant, c'est-à-dire en s'occupant de lui moralement et physiquement. Ils pensent, et cela leur simplifie l'existence, que la mère suffit à l'enfant, ce qui n'est pas exact.

Autant le rôle est une obligation sociale, autant la fonction est une responsabilité affective, dont beaucoup d'hommes n'ont pas encore saisi l'utilité.

Chaque parent, comme nous l'avons dit, étant investi d'une fonction auprès de l'enfant, le père est « modèle » pour son fils et « partenaire œdipien » pour sa fille, de même que la mère est « modèle » pour sa fille et « partenaire œdipienne » pour son fils, sauf dans la famille monoparentale où l'enfant n'a qu'un seul parent à disposition.

La famille actuelle, sous des dehors paternalistes, est le lieu le plus assuré du matriarcat : en effet, que le règne de la mère soit évident comme dans la famille monoparentale ou dissimulé comme dans la famille biparentale par la prétendue présence-absence d'un père qui abandonne l'éducation des enfants à la femme, où est la différence pour l'enfant ? Il a toujours à faire à une femme dans les deux situations.

La famille monoparentale est le lieu où on ne peut faire que de l'Œdipe ou que de l'identification, puisqu'il manque un des deux parents pour structurer l'enfant. On peut se demander comment on a pu vivre si longtemps avec l'idée que la femme était détentrice de tous les sentiments nécessaires à un enfant, sous prétexte sans doute que pendant neuf mois « elle » avait été nécessaire et suffisante au développement de l'enfant.

En réalité chaque parent est nécessaire, non pas pour ce qu'il *fait,* mais pour ce qu'il *est* affectivement et sexuellement au plus secret de lui-même.

Pour la psychanalyse, ce qu'on *est* dépasse de beaucoup ce qu'on *fait,* et avec l'enfant, qui a son petit ordinateur inconscient toujours branché, ce n'est pas forcément ce qui est dit ou fait qui s'enregistre mais ce qu'on ne dit pas, ce qui n'a pas de mots pour se dire. Quels mots pour dire : « Pour moi ton père ou pour moi ta mère tu es *unique.* Tu es comme moi puisque descendant de moi, et différent de moi puisque de sexe différent. Il me semble que tu auras tout ce que j'ai, plus tout ce que je n'ai pas... » Qui peut dire ces mots à un enfant dont il est le parent œdipien ?

C'est pourtant cela que perçoit l'enfant, à travers soins journaliers et alimentation. L'enfant ne reçoit pas, de celle ou de celui qui les lui prodigue, que de la nourriture ou que des soins, il reçoit aussi des sentiments et tout ce qui passe par la communication invisible et inconsciente entre le corps de celui qui donne et le corps de celui qui reçoit : de cette communication font partie les sensations épidermiques, les odeurs, l'expression du visage, le ton de la voix, etc.

Dans *Les Enfants de Jocaste,* j'avais parlé de l'importance de la main qui donne le biberon car au-delà de la main il y a les pensées qui sont bien différentes d'un être à l'autre, d'un parent à l'autre... Que l'un des deux parents, le père le plus souvent, compte sur l'autre pour le représenter est une attitude aussi naïve qu'irréaliste. Car le jour où la femme ne pense pas de bien de son mari, le message qu'elle émet et que reçoit l'enfant ne peut être que du type : « Un mauvais homme pour moi, tel est ton père... » On ne peut pas gouverner l'inconscient de la mère et ne lui faire éprouver que des sentiments positifs vis-à-vis de son homme ! C'est pour cela que l'histoire du « Nom du Père » inventée par les psychanalystes est une gigantesque escroquerie. Et le Père s'en autorise pour s'éclipser en toute bonne conscience : il s'en va de la vie de l'enfant mais il lui laisse pour toujours son nom.

Le nom du père

Le Nom du Père est une notion derrière laquelle la plupart des psychanalystes se retranchent pour faire accepter socialement et familialement l'absence du père auprès de l'enfant. Il suffirait que le père soit « introduit » dans la vie de l'enfant par le discours de la mère, et le tour serait joué. Le père ainsi n'aurait pas à prendre une place réelle, concrète, dans la vie du très jeune enfant.

La place qui lui est ainsi accordée – une place d'absent, une place de Nom ! – est délimitée par la mère, puisqu'il n'est jamais que celui dont elle parle. Si l'enfant a des difficultés relationnelles avec son père, c'est la femme qui en sera tenue pour *responsable* puisque la relation au père s'est construite à travers elle et son discours.

Quelle femme pourrait parler correctement de celui qu'elle n'est pas ? Les femmes devraient comprendre qu'elles ne peuvent pas, à elles seules, être tout, ni tout représenter de ce qu'il faut à un enfant. Quoi qu'elles puissent faire et dire, même dans le moins mauvais des cas, l'absence de l'homme ne peut que s'inscrire comme absence du père ou Père-absent dans l'inconscient de l'enfant.

C'est pourquoi l'homme est celui dont rêvent filles et garçons comme antidote quand les choses vont mal entre la mère et l'enfant. De là, plus tard, l'amour inexplicable de la femme pour l'homme, même quand il se sert d'elle, la maltraite ou l'exploite. En tant que rêve, il sera toujours mieux que la mère et sa réalité. Dans l'inconscient de la femme, il reste toujours ce qu'il y a de mieux, mais de ce père que sait-elle ? À part son nom et l'heure de son retour ?

Ainsi le « Nom du Père » ne peut pas rendre un père à l'enfant qui n'en a pas !

C'est tout juste bon à le faire rêver à propos de ce père qu'il met à une place « idéale » puisque la réalité n'est pas là pour le démentir. D'ailleurs on ne parle que des absents. Si la mère décidait de ne plus élever l'enfant et de le laisser au père, il parlerait lui aussi du nom de l'Autre, l'enfant idéaliserait alors sa mère : on assisterait alors à la naissance du « Nom de la Mère » pour caractériser son absence !

Mais revenons-en au père, si l'enfant s'habitue à substituer son rêve à la réalité, il ne pourra que souffrir quand il constatera combien ce qu'il a rêvé est éloigné de ce qu'il trouve. Tout l'effort éducatif consiste, au contraire, à mesure qu'on grandit, à apprendre à voir les choses telles qu'elles sont et non telles qu'on les voudrait. L'enfant doit se débrouiller avec les parents qu'il a, mais encore faut-il qu'il en ait ! Il est mauvais pour la fille de rêver de son père, car son image intérieure de l'Homme devient synonyme de Celui-qui-va-obturertout-Manque. La déception plus tard devant la réalité de l'homme sera *d'autant plus grande* qu'il avait été mis plus haut : le prince charmant est plus difficile à détrôner dans l'idéal de la femme que le père Noël dans l'imaginaire de la petite fille !

Se battre contre l'éducation par les femmes, c'est refuser d'engendrer chez le petit garçon comme chez la petite fille la survalorisation de « celui qui Manque », à savoir le Père. Si l'homme jouit d'emblée d'un préjugé favorable auprès des hommes comme auprès des femmes, c'est qu'on l'a toujours imaginé, donc embelli et idéalisé. Les enfants ont du mal à dire *qui* et *comment* est leur père, alors qu'ils savent parfaitement parler de leur mère qui vit avec eux, s'occupe d'eux, dont ils dépendent le plus souvent et le plus longtemps. D'elle, ils ne rêvent pas. Elle, ils n'ont pas à l'imaginer. Chaque enfant connaît sa mère... Et rêve de son père qu'il voit peu. La séparation d'avec le père est la loi de la plupart des couples divorcés (85 % des enfants de parents divorcés vivent avec leur mère et 9 % avec le père ; enquête INED 1994 [1]) et dans les couples vivant ensemble, l'absence du père est la réalité la plus fréquente, avec peu de temps journalier consacré aux enfants. Ce peu de temps passé avec l'enfant ne permet pas au père d'assumer sa fonction paternelle, et c'est avec l'accord de la loi, de la médecine, de la société tout entière que la femme assure à 90 % la charge réelle de l'enfant. Cela étant valable pour filles et garçons sans distinction.

1. *La Double Famille des enfants de parents séparés*. C. Villeneuve, Gokalp (INED, 1994).

Les femmes n'ont pas attendu le divorce pour prendre le pouvoir éducatif, mais il semble qu'elles en ignorent les conséquences.

La misogynie dont elles font l'objet continue à habiter secrètement le cœur des hommes et des femmes *tant que l'adulte responsable de l'enfant reste exclusivement une femme.*

En effet, que veut l'enfant dès son plus jeune âge face au désir de l'adulte sinon manifester sa propre volonté et s'opposer à lui ? Donc tous les enfants, filles ou garçons, débutent l'affirmation de leur personnalité par la contestation du pouvoir parental, donc le plus souvent du *pouvoir de la Mère*, et par la suite de la femme. Ne sommes-nous pas là déjà dans les chemins de la misogynie ?

En ce qui concerne la petite fille, elle se trouve dans une position singulière car, en s'opposant à la femme – sa mère qui a pour elle un projet de féminité bien établi –, elle s'oppose de ce fait à l'image même de sa féminité, ce qui va compliquer terriblement son évolution vers l'« être femme ». Si le père n'est pas là pour la réconcilier avec sa féminité par le biais de l'Œdipe, elle ne pourra, au mieux, qu'être *ambivalente* avec les femmes et le féminin, ambivalence que nous connaissons bien : il n'y a pas que les hommes qui refusent d'élire les femmes à des postes de commandement !

Si les paroles, entendues dans la vie ou sur le divan, ne me poussaient à tenir pour juste ma déduction, je n'oserais pas m'engager ainsi dans ce que je crois être l'origine de la problématique féminine.

Un jour, à Paris, au milieu de cent femmes venues réfléchir à leur condition de femme, j'ai eu la surprise de voir en fin de journée toutes dissemblances se réduire, toutes inégalités disparaître, pour en arriver à une seule formulation acceptable par toutes : *leur mère les avait enfermées dès le départ.* Elles étaient cent, d'âge différent, de milieux différents, mais elles étaient toutes d'accord sur une chose : leur mère les avait enfermées... avec quels mots ? À l'intérieur de quelles barrières ? À l'aide de quels moyens ? Elles ne pouvaient pas trouver de mots pour expliquer ce phénomène, donc il était sûrement question d'*inconscient.* Leur mère les avait enfermées de façon inconsciente par l'intermédiaire de ses propres rêves touchant à la féminité. Elle avait dit « il faut ceci pour être une fille » et « il ne faut pas cela »...

« Le discours de la Mère »

Si c'est le devoir des parents de fixer des limites à leurs enfants, il faut que ces limites relèvent de la commodité à vivre en société, et non de l'incommodité à vivre des parents eux-mêmes.

Je m'explique : si votre enfant devient le lieu de vos rêves « irréalisés », il ne sera plus « lui » mais « vous » et pourra devenir étranger à ses propres désirs.

Il arrive souvent que le parent de même sexe que l'enfant se mette à s'identifier à lui, ce qui s'appelle en jargon analytique « se projeter dans son enfant ». De ce fait il prend continuellement la place de cet enfant qui perd la sienne, pour se conformer à celle qui lui est assignée. Vous savez que c'est plus souvent l'histoire de la fille que celle du garçon, tout simplement parce que c'est la petite fille qui est pour sa mère l'objet du rêve « idéal de femme ». Le garçon a une place œdipienne et ne peut à aucun moment représenter pour la mère « celle qu'elle aurait dû être »...

Donc l'éducation des filles par les mères est en partie responsable du fait que la fille a comme comportement principal celui de tout faire, *apparemment,* pour convenir à l'Autre et lui plaire... L'habitude a été contractée dans la prime enfance avec la mère et face à son désir.

Il paraît certain que les filles, sans le secours ou la contribution du père œdipien, tombent immanquablement dans l'obligation de « convenir » à la mère, puis à tous les « autres », l'enchaînement étant le suivant :

La fille s'avance souvent dans la vie en tâchant le plus possible de se conformer au « rêve identificatoire » de sa mère, et plus tard la femme ne sera jamais plus heureuse que lorsqu'on lui dira qu'elle PLAÎT.

La vie d'une petite fille se résumerait-elle à faire ce que maman veut ? C'est souvent en tout cas ce qui a fait trébucher les femmes qui se trouvent en analyse chez moi, car voici ce qu'elles disent :

« J'ai l'impression qu'à *travers moi,* c'est elle qu'elle voyait... »

« Ma mère m'a empêchée d'être, il fallait que je sois ce qu'elle *voulait,* c'est tout. »

« C'est comme si elle avait dit : " Ta vie ne sera pas la tienne. " Ma vie serait la *sienne.* »

« J'ai été ce qu'elle *voulait* que je sois, et maintenant je ne sais plus qui je *suis* moi-même... »

Le risque des femmes est bien là. À force de se conformer au désir de la mère, la fille oublie d'écouter le sien, elle l'empêche d'émerger. Elle ignore quel il pourrait être, ce qui finit par poser un singulier problème d'identité au sein du couple où la femme se pose souvent elle-même comme *recherchant le désir de l'autre.* À la limite, on peut se demander si le désir de la femme n'est pas devenu celui de l'Autre en général... Mère, mari, enfants qui ont tour à tour pouvoir de la faire tenir sur la tête et marcher sur les mains, puisque son bonheur passe par celui des autres.

Tout ce qui est dit « féminin » cache toujours quelque chose de l'ordre du plaire aux autres, que ce soit par la séduction, le dévouement ou la compassion, et c'est bien souvent une deuxième nature que la petite fille a acquise auprès de sa mère en vue de se rendre indispensable et féminine.

Il en est ainsi à cause de l'inconscient de la mère, qui n'est pas toujours celui d'une femme épanouie et heureuse et compte souvent sur sa fille pour être « ce qu'elle n'a pas été ». La fille est alors « pleine » du projet de sa mère et « vide » de projet personnel : on dit d'elle qu'elle est une petite fille « sage », mais en fait elle est en train de devenir la chose de l'Autre et, ce qui est pire, elle s'habitue à taire son propre désir et à cacher sa colère. Plus une petite fille est sage, plus elle est appréciée des adultes, mais la sagesse n'est pas l'état naturel de l'enfant, elle n'est que le moyen de satisfaire la mère...

La colère pourrait déclencher le rejet maternel, c'est pour cela que la petite fille et par la suite la femme la laisse dangereusement s'accumuler à l'intérieur d'elle-même, où peu à peu elle se transforme en culpabilité qui n'est que le retournement sur soi, de la rage tournée au départ vers l'Autre.

Si, pour être aimée par la mère, il faut passer par ses désirs, la fille y passera.

Si, pour être dans le cœur de sa maman, la petite fille doit se réduire à l'*image féminine intérieure* que porte inconsciemment sa mère, elle va la plupart du temps obtempérer, du moins en apparence et même sans résistance car, à cet âge, il est vital pour l'enfant de vivre en « bonne intelligence » avec ses parents. Ainsi la mère va pouvoir aisément réaliser dans la personne de sa fille son projet idéal de femme adulte : elle sera jolie, gentille, serviable...

Pour ce qui est de la beauté, la femme va commencer très tôt à mettre en valeur le corps de sa petite fille, avec de jolies coiffures, des petites robes amusantes, des couleurs gentiment assorties, de sorte que chacun, voyant ce ravissant objet, s'écriera et à juste titre : « Oh ! comme elle est mignonne ! » Comme si la séduction physique faisait partie de la petite fille dès ses premières années. Ainsi s'inscrit dans l'inconscient du bébé, dès les premiers temps, l'idée que l'extérieur peut déclencher un « plus d'amour » chez les autres, et cela va figurer comme l'un des premiers engrammes du logiciel féminin. Plus tard, quand la petite fille fera quelque chose de mal, sa mère ou sa grand-mère lui diront fréquemment : « Oh ! Tu n'es pas mignonne ! » adjectif qui renvoie l'enfant non à une loi morale, mais à une loi esthétique.

C'est de très bonne heure, dans la vie de la petite fille, que beauté et sagesse sont présentées comme des repères féminins, alors qu'elles ne sont que valeurs inculquées par l'entourage lors de la formation de l'inconscient du bébé-fille. Ce ne sont pas des qualités innées comme on pourrait le croire mais des valeurs recommandées aux filles.

Nous préférons toujours dire à une fille qu'elle est « laide » plutôt que « méchante »...

Ni l'un ni l'autre d'ailleurs n'expriment la réalité de l'enfant qui est « en colère ». La colère... Voilà un mot que les parents n'emploient pas volontiers. Ils voudraient ignorer l'existence de l'agressivité et de la colère qui sont pour eux des sentiments condamnables, alors que ce sont les antagonistes des sentiments d'amour et que l'être humain est dès le début tout aussi capable d'*aimer* que de *haïr*, c'est sa première loi. Mais les parents le savent-ils ?

Continuons l'histoire de la mère et de la fille : Après la beauté, on va demander à la petite fille la gentillesse, c'est-à-dire l'art de savoir renoncer à son désir. On demande plus d'obéissance à une fille qu'à un garçon, pourquoi ? À cause de stéréotypes ancestraux et patriarcaux qui imposent à la femme douceur et soumission. Si vous ne me croyez pas, ouvrez un journal d'annonces matrimoniales et regardez comment est formulé le rêve habituel de l'homme : une femme, douce, affectueuse, éventuellement intelligente ou plutôt cultivée, et bonne maîtresse de maison... ça marche toujours, le servage sous forme de mariage.

Quant à la serviabilité, elle s'acquiert sans problème. Si l'enfant est éduquée par la mère, elle l'imitera en tout, l'imitation étant la première forme d'identification propre à l'enfant. Pour peu que la mère ait la haute main sur la vie de la maison, sa fille sera amenée très vite à faire semblant de laver, essuyer, frotter, préparer des gâteaux, avant de le faire « pour de vrai ».

Le garçon reste plus libre par rapport à sa mère, car grâce à l'amour œdipien qu'elle a pour lui, elle l'aime sans conditions, *tel qu'il est,* sa différence sexuelle lui suffit comme joie de l'avoir fait. Ce n'est qu'à la fille qu'elle demande de remplir le stéréotype « femme ». Et qui plus est, elle croit bien faire en agissant ainsi, alors qu'elle *enferme* sa fille et en fait l'*objet* de ses ambitions.

Un père d'ailleurs peut faire la même chose de son fils, s'il le charge lui aussi de vivre « mieux » que lui : que de futurs médecins, polytechniciens, énarques, se sont retrouvés globe-trotters, drogués ou gardiens de chèvres dans l'Ardèche pour avoir dû tourner le dos au fantasme paternel ! Le père peut entraîner le même phénomène d'inexistence avec son fils, mais les garçons ont la chance, ou la malchance, que leur père se tienne assez loin d'eux durant l'enfance et que l'Œdipe avec la mère domine le tableau pendant toutes les premières années.

Il reste que le petit garçon traité de « poule mouillée » par son père est aussi dévalué affectivement que la petite fille traitée de « garçon manqué » par sa mère. Que de « garçons manqués », c'est-à-dire de petites filles ne correspondant pas au schéma de leur mère, sont venues chez moi verser des torrents de larmes, pour ne pas avoir été appréciées dans leur enfance ! Que de petites filles vigoureuses et opposantes au désir de la mère se sentent sur le moment coupables de trahison envers cette mère, et à l'adolescence se transforment en femmes coupables, qui ont surtout peur de ne pas plaire aux autres ! Même chez moi, elles prennent d'énormes précautions pour ne pas me déplaire. Je les reconnais à certains petits mots innocents du genre : « si vous voulez » ou « disons que ». Elles s'efforcent toujours de me mettre « avec » elles, craignant tout de moi et de mon désir. Toutes leurs périphrases sont destinées à empêcher l'apparition d'une quelconque divergence entre elles et moi, afin d'éviter de retomber dans le conflit infantile avec la mère.

En analyse, ces petits mots qui jalonnent le langage de chacun de nous, nous aident à comprendre la position de l'individu face aux autres. Ces petits mots laissés là sur le divan en disent souvent plus long que des heures de ratiocination parfaitement consciente. Ce n'est pas pour rien que les femmes parlent si souvent chez moi de « leur » vide, chacune se croyant unique à éprouver « l'horreur de n'avoir rien en soi ».

Cette inexistence des femmes n'a pas été suffisamment analysée jusqu'à nos jours et on a préféré leur donner toute existence à partir de celle de leur enfant, de qui on les rend inséparables et de qui elles ne veulent pas se séparer.

Mon but est aujourd'hui d'examiner les dangers que peut présenter une mère à son insu, plaider en vue qu'elle ne soit pas toujours la seule à élever sa fille, faire comprendre qu'elle doit être compensée par un homme qui aimera l'enfant « œdipiennement », c'est-à-dire autrement et sans demander rien de ce que demande souvent une mère.

Les pères sont-ils pris pour des parents incapables ou des adultes dangereux ? Oui hélas trop souvent, et on a tendance à croire que sous prétexte d'aimer « œdipiennement » leur fille, les pères iraient jusqu'au bout de leurs désirs avec elle. On oublie que tout au contraire les pères coupables d'inceste sont ceux qui, tenus loin de l'éducation de l'enfant, n'ont même pas l'âme parentale... Ils ignorent tout du fait que la sexualité de l'enfant n'appartient à aucun de ses parents, même si cette sexualité les tente. Combien de mères, si elles n'avaient pas d'abord le sens de leur responsabilité éducative, ne préféreraient sexuellement leur fils à tout autre homme ? Mais voilà, les femmes en tant que mères connaissent l'interdit de l'inceste, alors que certains pères ne le connaissent pas.

Tout corps d'adulte qui s'occupe d'un enfant représente toujours une certaine force libidinale auprès de l'enfant. Les deux parents devraient savoir qu'au-delà du change et de l'âge du change, le corps de l'enfant est « privé » et ne doit pas être touché sexuellement. Je ne vois là rien de différent entre hommes et femmes, sinon que les femmes ont été « enseignées » en tant qu'éducatrices tandis que les hommes ne l'ont pas été... Mais s'ils veulent participer à l'éducation de l'enfant, il faudra bien qu'ils en apprennent les lois.

Être parent sur le plan sexuel, c'est « barrer » son corps au désir sexuel et accepter non pas la sexualité, mais la seule sensualité.

Œdipe, inconscient et langage

La sensualité est une chose que les deux parents doivent vivre avec l'enfant, mais seule la sexualité reconnue et respectée permet à l'enfant de reconnaître en lui la marque du sexe.

C'est là que la mère est irremplaçable pour son fils, comme le père est irremplaçable pour sa fille, en ce qui concerne l'Œdipe.

C'est le désir « barré » du parent de sexe opposé qui crée le lien œdipien précédant tout autre lien hétérosexuel à venir. Ce lien précoce œdipien est rarement présent, nous l'avons vu, dans la vie de la fille élevée par sa mère, et il faut remarquer que la fille n'aura pas eu l'occasion de sentir son corps « désirable » par un père, le plus souvent absent, et cela restera un rêve jusqu'à ce qu'un garçon la prenne dans ses bras. Elle y croira si peu qu'elle demandera au garçon ce qui l'attire plus particulièrement dans ce corps. Le pauvre garçon en restera coi. C'est le corps tout entier qui éveille son désir ! La femme n'en a pas fini d'étonner l'homme avec ses questions : « Tu m'aimes mieux avec cette robe ou avec celle-là ? », comme si elle restait persuadée que son corps ne peut être désiré qu'à cause d'autre chose que lui-même...

Ce lien du corps, ce paternage venant du père et d'un père absent resterait-il le lien narcissique de la femme ? L'endroit où l'on retrouve toujours la femme hésitante :

« Dites-moi pourquoi vous m'aimez... », c'est-à-dire :

« Réparez l'absence désirante de mon père au stade oral... »

Car c'est au stade oral que l'enfant débute sa relation de corps et de désir avec ses parents. Le nouveau-né a des besoins, des désirs, des demandes et ses parents sont là pour y répondre. Ils le nourrissent, le changent, le lavent, le tiennent au chaud. Mais aussi, car ses besoins ne sont pas seulement d'ordre physique, ils lui sourient, lui parlent, le bercent et le chérissent. Il est aimé, reconnu comme l'enfant des deux parents et apprécié dans tout son corps, y compris le sexe. Inconsciemment, tout cela s'inscrit en lui dès les premiers jours, alors même qu'il semble n'avoir qu'une seule jouissance, celle de téter : téter étant dès les premiers mois ce qui fait disparaître le vide intérieur rencontré à la sortie du ventre maternel. Cette période de rage à se remplir, va durer environ un an et a été nommée par Freud *le stade oral*, car toute la relation passe par ce trou à remplir : la bouche.

Même plus tard, lorsque d'autres besoins se feront sentir, la réponse des parents sera toujours double : ils seront là, avec leur conscient, et ils donneront à l'enfant ce qu'il attend, plus autre chose : leur Inconscient. Ainsi l'enfant, au cours des soins du premier âge, intègre peu à peu ce qu'il y a d'écrit au fond de chacun de ses parents. C'est là que s'établit le premier dialogue entre inconscients, celui qui dès lors accompagne toujours « invisiblement » la relation parents-enfants.

Ainsi le biberon donné par la mère ou par le père n'est pas le même pour l'enfant parce que l'inconscient de chacun des parents est différent et parce que la façon de tenir l'enfant, de sourire et même de respirer ne sont pas les mêmes d'un individu à l'autre, et que c'est avec ces repères-là que l'enfant reconnaît la personne qui s'occupe de lui. Le parent parle avec son corps, avant de parler avec ses mots.

Le geste est premier, c'est avec le corps que nous avons d'abord appris à communiquer. Demander, refuser, accepter, l'enfant le fait avec son corps : s'il ne veut pas de biberon, il détourne la tête ; s'il a faim, il cherche le sein avec sa bouche ; s'il a envie de votre présence, il commence à trépigner de joie à votre approche et, si vous l'attrapez, tout son corps se tend vers vous ; de même, s'il ne veut pas être saisi par une personne inconnue, il se raidit au fond de son berceau. À cette époque de la vie *nous ne saurions mentir,* notre corps dit la vérité absolue de ce que nous sentons.

C'est pourquoi le corps reste le lieu de la vérité « inconsciente » de chacun de nous. Nous avons beau faire des discours, notre corps lui, dit parfois tout autre chose, comme le montrent les lapsus, les oublis, les bévues. Une femme m'ayant rendu visite de façon charmante se lève pour prendre congé et me dit : « Au revoir, je suis très contente de *ne pas* être venue vous voir. » Elle n'a pas entendu son erreur verbale, mais j'ai su à quoi m'en tenir sur sa visite forcée, son lapsus avait dit la vérité à propos de cette visite forcée.

Langage du corps chez l'enfant

Ainsi pour savoir si l'inconscient de l'enfant fait bon ménage avec le nôtre il suffit d'être attentif au langage de son corps, si l'enfant mange avec appétit, s'il dort bien, s'il ne pleure que pour demander, s'il trépigne en nous entendant arriver, s'il se laisse aller dans nos bras, sans doute le dialogue secret entre lui et nous est-il bon. Mais si bébé pleure beaucoup, s'alimente peu ou mal, ne grossit pas, se raidit quand vous le prenez, toute hypothèse médicale étant écartée, peut-être votre enfant est-il en train de constituer une réponse négative corporelle à ce que vous voulez pour lui.

Le dialogue entre inconscients marche d'emblée entre êtres humains et double les gestuelles du parent et de l'enfant. C'est pourquoi en cas de difficulté, il vaut mieux, pour être efficace auprès de l'enfant, tenter un changement dans l'inconscient du parent, inconscient qu'on peut percevoir chez lui à travers certains mots. Devant un comportement de refus de la part de l'enfant, les parents, en effet, ont intérêt à consulter quelqu'un qui les aide à comprendre ce que « secrètement » ils veulent, eux, au-delà des mots. La prise de conscience de « leur » attente secrète pourra entraîner chez eux un changement profond auquel l'enfant répondra, comme il répond toujours à toute demande de ses parents, *avec son corps.*

Nous touchons ici à la compréhension du langage psychosomatique de l'enfant. Celui-ci, mis devant une situation « inconsciente » inconfortable et impossible à exprimer, peut développer une maladie : rhino-pharyngite, gastro-entérite, fièvre atypique, poussée d'eczéma, crise d'asthme. Toutes ces maladies du jeune enfant signalent un climat psychologique difficile entre lui et ses parents. Ce sont d'ailleurs ces mêmes maladies que l'on retrouvera dans la vie de l'adulte chaque fois qu'il se sentira impuissant à dominer une situation angoissante pour lui. Tomber malade est souvent une échappatoire proposée par le corps pour protéger l'esprit d'un mal infiniment plus grave.

Un enfant qui refuse de se nourrir manifeste clairement qu'il refuse ce que veut sa mère : aussi bien sa demande consciente « prends donc ce biberon, je veux que tu vives », que sa demande inconsciente « je veux que tu vives pour remplacer celle que je n'ai pas été, pour remplacer ce que je n'ai pas été ». L'enfant refuse le biberon parce qu'il le perçoit « inconsciemment » comme *autre chose* qu'une simple nourriture destinée à son propre plaisir.

La fille, puisque c'est elle qui présente électivement des difficultés d'alimentation, en s'opposant à la nourriture de sa mère, s'oppose en même temps à son « rêve identificatoire » (celui-ci cherchant à mettre l'enfant à une autre place que la sienne propre). Si la fille présente plus de difficultés au stade oral que le garçon, c'est sans doute parce que sa mère veut lui faire « intégrer » une certaine image d'elle-même. On ne peut éviter qu'une femme, qui dispose d'une fille plus petite qu'elle, ne l'imagine comme une deuxième chance... Le garçon n'a pas les mêmes difficultés : sa mère ne lui présente intérieurement aucun schéma masculin puisqu'elle n'est pas un homme, et ce n'est pas une vie d'homme dont elle rêve ou qu'elle a déjà connue !

Ce problème d'une femme élevée uniquement par une autre est un problème qui marque définitivement bien des vies de femmes. Ayant refusé de mettre le rêve de « *l'autre* » au centre d'elles-mêmes, elles ont souvent l'impression d'être *vides,* aussi bien physiquement que psychiquement, puisqu'au départ les deux choses étaient inséparables dans la relation à la mère. Bien des femmes continuent à ne pas manger ou à vomir pour rester « vides » du désir de la mère comme au départ, bien d'autres mangent continuellement ou énormément pour annihiler le « vide » intérieur qu'elles ont ressenti auprès d'une mère mal aimante, non désirante ou simplement absente.

C'est comme si les difficultés des premiers mois nous suivaient toute notre vie et une petite fille « anorexique du biberon » quand elle a six mois a de grandes chances d'être une femme « frigide » et refusant le sexe de l'homme quand elle aura vingt ans !

Je puis vous assurer avoir reçu dans mon bureau de jeunes frigides de trois ans ! Refusant déjà tout ce qui venait de l'autre. Elles avaient appris à se méfier du désir de l'autre en refusant le désir de leur mère. Ces petites filles n'avaient qu'une réponse chevillée au corps : NON !

Tout dans leur attitude, aussi bien leur mutisme que leur refus de collaborer, signifiait qu'elles avaient appris à se protéger de la demande émanant de l'Autre... Ce jour-là j'étais cet Autre puisque c'était leur mère qui les avait conduites chez moi.

Il est difficile d'accepter qu'un enfant très jeune puisse déjà être en opposition définitive avec l'adulte, sans que nous en connaissions la raison : elle est en effet tout à fait invisible aux yeux des parents, puisque émanant de leur inconscient. Le plus souvent, le biberon est refusé au nom des fantasmes maternels qui l'accompagnent et qui demandent à l'enfant d'être « heureux » à la place de sa mère... qui a été elle-même une enfant malheureuse... et qui est aujourd'hui une mère prête à tout pour revivre une enfance heureuse *à travers sa fille.*

La fille dans certains cas n'a-t-elle pas trouvé le moyen le plus direct de refuser ce bonheur à sa mère en lui refusant la nourriture ? La mère dit, désolée : « Elle ne *me* finit pas les biberons. » Les parents comprennent, mieux qu'ils n'ont conscience de le faire, la réponse que le langage du corps de l'enfant donne à leur désir. Ne disent-ils pas à propos d'une maladie de l'enfant qu'elle était dirigée contre eux : « Il *nous* a fait 39° ce soir-là », comme si l'enfant avait eu de la fièvre pour les mettre en difficulté ? L'enfant paraît, dans certains cas de maladies psychosomatiques, jouer avec les nerfs de ses parents.

Souvent le petit rhume, la petite fièvre, tombent à un moment où les parents prenaient un peu de liberté personnelle, comme si l'enfant voulait à toute force les garder près de lui. Quant aux maladies prétendument attrapées à la crèche ou à la maternelle, elles signalent, la plupart du temps, un changement psychologique important et mal supporté par l'enfant.

Cependant, pour ne pas rendre inquiétant le difficile rôle de parents, je puis vous dire qu'un enfant qui n'aurait jamais de difficultés à affronter, ne constituerait aucune défense et se retrouverait bien démuni devant l'adversité qu'il rencontrera forcément dans sa vie un jour ou l'autre.

Nous sommes tous des rescapés plus ou moins heureux d'une enfance plus ou moins difficile. Il est impossible qu'il en soit autrement avec cette espèce de tiers invisible installé entre parents et enfants et qui s'appelle inconscient.

L'oralité : le vide et le plein

Freud a été le premier à découvrir ce personnage si important dès l'enfance, l'inconscient qui, dans l'ombre, préside à la plupart de nos actes. Il a été aussi le premier à déclarer que le métier de parents faisait partie des métiers « impossibles » à cause de cet Inconscient.

Et il a été le seul à oser parler de la sexualité des bébés tout en disant qu'elle était tout à fait polymorphe et ne se tenait pas uniquement au sexe. Pendant la période de zéro à quinze mois dont nous venons de parler, tout plaisir passe essentiellement *par la bouche.*

Cela ne veut pas dire que l'enfant n'a pas d'autres sensations agréables, auditives, olfactives ou sexuelles, mais elles n'atteignent pas l'intensité de la jouissance « orale » dans les premiers mois, et dans ces premiers mois l'enfant va manifester son plus ou moins grand appétit de vivre, à manger, à jouer, à dormir...

La deuxième zone de jouissance que découvre l'enfant vers quinze mois est la zone « anale » dont les sensations sont liées au passage des excréments et aux contractions qui les accompagnent (nous verrons que lors des contractions de l'orgasme, ce sont les muscles du périnée, communs à l'anus et au sexe, qui entrent en action). Le système nerveux de l'enfant devenant plus discriminatif lui permet de reconnaître les contractions anales et de les commander : il peut évacuer ou retenir ses selles, ce qui lui donne l'impression d'être pour la première fois maître de sa jouissance. Mais voilà que l'autre prétend lui ravir ce plaisir, en le priant de l'exécuter sur commande. Nous connaissons le petit jeu de l'enfant, obligé de se mettre sur le pot et n'y faisant rien pendant une demi-heure, pour, sitôt reculotté, faire ses besoins tranquillement en nous regardant bien en face, comme pour dire : « Tu vois c'est *mon* plaisir... Pas le *tien* ! Ici commence sa réponse directe au désir de l'Autre.

Chose curieuse, la petite fille, parfois si difficile à nourrir, n'est pas du tout difficile à éduquer à la propreté. Elle renonce rapidement au plaisir anal pour gagner l'estime de sa mère. Préférant à toute autre chose la volonté et l'amour de la mère, elle lui fait le cadeau qu'« elle » demande, quitte à devenir *vide*... vide de tout ce qui était son désir. Vous reconnaissez ici un comportement typiquement féminin : *se réjouir du plaisir de l'autre et sacrifier le sien.*

La relation primitive mère-fille apparemment si calme est un véritable nœud inconscient qui laisse des traces tout au long de la vie des femmes.

Ces femmes qui, sur le divan, me parlent de leur *vide*, me parlent d'une vieille sensation de l'époque orale où, pour refuser les rêves de la mère, elles refusaient tout ce qui venait d'elle et qui serait entré en elles. Elles ont alors senti le vide, pour toujours, sauf quand elles s'alimentent. C'est pour cela que les femmes « grignotent » à longueur de temps, deviennent boulimiques ou anorexiques, à cause d'un vide intérieur impossible à combler aujourd'hui... ou impossible à quitter.

Pourquoi est-ce que l'homme ne me parle jamais de ce *vide* ? Parce qu'il ne l'éprouve que rarement, parce qu'il ne l'a pas connu au stade oral, parce qu'à cause de son sexe sa mère ne pouvait pas lui coller sa vie de femme à recommencer. Les petits garçons ne refusent pas le biberon, ils sont plutôt voraces, pressés de combler le vide de leur estomac ! Mais ils refusent longtemps d'obtempérer à la demande des parents.

Boire le biberon avec le père, ce serait peut-être le salut de certaines petites filles. Une fois grandes, peut-être alors ne diraient-elles plus ces terribles mots :

« Au milieu de moi, il n'y a rien... Je suis vide... »

« Je parle, je parle, pour camoufler mon *vide.* »

« J'ai laissé mon corps à ma mère, je n'ai gardé que la tête... »

« Ma mère m'a *volé* mon enfance et maintenant je suis *vide.* »

Les femmes se plaignent de l'ennui, de la solitude, de l'incompréhension, beaucoup plus souvent que les hommes, mais il y a longtemps qu'elles sont vides et seules... Alors pour conjurer le mal, elles cherchent à être utiles, à faire des choses utiles aux autres. Les femmes aiment à rendre service. Dans la mesure où elles donnent quelque chose de visible, leur tête leur dit qu'elles ne sont pas vides à l'intérieur. Ah, ils sont compliqués les chemins de la femme qui veut prouver avec sa tête ce qu'elle ne sent pas dans son corps !

Les femmes ont souvent là un vrai problème : leur tête et leur corps ont divorcé depuis trop longtemps, elles n'arrivent plus à recoller leur propre puzzle. Elles n'en connaissent que la moitié... L'autre est restée chez leur Mère. Il faut souvent tout reprendre avec une autre femme analyste pour tenter une autre traversée avec quelqu'un qui ne « demande » pas, qui n'attend pas, qui ne rejette pas.

La femme tente de changer de peau car elle sait depuis longtemps qu'elle n'est pas bien dans la sienne, pas bien dans son corps. Les femmes ne sont bien que dans leur tête. C'est le seul endroit où elles peuvent s'habiter elles-mêmes... Pourquoi leur dit-on toujours le contraire ?

Chapitre 2

Une vie de petite fille

Elle a quinze ou dix-huit mois, elle est indépendante puisqu'elle marche... Tellement indépendante, après avoir été si longtemps esclave des volontés de l'autre, que vous avez parfois du mal à vous faire obéir : tout débute par un non énergique qui, s'il n'est pas prononcé, est exécuté d'un signe de tête. Cependant, la joie d'être avec vous, de *faire* quelque chose avec vous, la fera le plus souvent abandonner son opposition, face à votre demande.

Si vous voulez l'accord d'un enfant de deux ans, acceptez d'abord son refus qui veut vous dire qu'il n'est pas « vous » mais bien « lui », puis monnayez avec lui une entente relative à la chose que vous souhaitez.

Il y a des petites filles *trop* sages, c'est-à-dire qui restent là, plantées à deux mètres de leur mère, triturant dans leurs doigts une mèche de cheveux ou un vieux bout de tissu avec lequel elles vivent. Ce sont celles qui hésitent à quitter le temps du lien symbiotique avec l'*autre* (le parent). Elles ont tellement peur de perdre le lien qu'elles n'osent pas s'activer, découvrir par elles-mêmes, s'intéresser à ce qui les entoure.

À cette époque de la vie de votre enfant, ne vous laissez pas aller à redouter exagérément pour lui les dangers qui le guettent, car vos craintes peuvent engendrer sa *peur* et celle-ci risque d'en faire un enfant éteint, passif, sans curiosité, à l'intelligence endormie, alors qu'il doit être tout le contraire pour devenir adulte.

Plutôt que d'interdire, expliquez le danger à votre enfant avec une démonstration, faites-lui voir comment tenir les objets, montrez-lui quel est le côté qui peut blesser, apprenez-lui comment on peut tout seul, avec les pieds, les mains et les fesses monter sur une chaise ou franchir trois marches... Il faut que l'enfant apprenne de vous la *confiance* en lui, et non pas votre propre *peur* des choses.

Il faut être raisonnable : il y a des choses que votre enfant peut risquer et d'autres qui sont franchement interdites (électricité, couteau, aiguilles à tricoter, fer à repasser, gaz, etc.). Aux adultes aussi certaines choses sont interdites... Quand on est parent, il faut toujours naviguer entre ces deux repères : le danger réel et notre peur personnelle trop souvent névrotique.

La petite fille est déclarée plus sage que le petit garçon, plus obéissante aussi, pourquoi ?

Parce que, nous l'avons déjà vu, elle a pour but principal de conserver l'amour sous condition de la mère, donc de ne pas lui déplaire.

Avant de faire quelque chose, une petite fille regarde le visage de sa mère et elle voit dans l'expression de celle-ci si la chose est permise ou défendue. Par la suite, on dira que les femmes sont intuitives et lisent merveilleusement sur le visage des autres... Pas étonnant, elles n'ont fait que cela dans les premières années de formation inconsciente.

Quelquefois, certaines petites filles s'ennuient dans leur tête et vont demander à leur mère « à quoi je pourrais jouer ? » et la mère, avec sa tête d'adulte, choisit un jeu pour l'enfant ! C'est l'imagination à l'envers, c'est le monde à l'envers, car normalement l'enfant a beaucoup plus d'idées que l'adulte. Mais ces petites filles-là ont l'habitude de rechercher ce qui pourrait plaire à la mère et n'ont pas d'idées par elles-mêmes.

Ne vous imaginez pas que pour autant cette petite fille n'est pas en lutte avec sa mère... Car un enfant qui ne manifesterait pas d'opposition à ses parents entre quinze mois et trois ans, montrerait déjà un désintérêt profond pour ses propres désirs, ce qui serait fort inquiétant pour son avenir... Les caprices des petits garçons et petites filles de deux à quatre ans sont habituels et normaux, et manifestent tout simplement leur énergie à vivre en butte à notre propre désir. Il faut bien que nos enfants apprennent la confrontation au désir de l'Autre, car leur vie d'adulte sera faite du rapport à l'Autre et aux Autres.

On peut se demander à ce propos si ce n'est pas depuis que nous faisons moins d'enfants et parce que nous sommes devenus plus laxistes avec eux (voulant avant tout être aimés d'eux), que, arrivés à l'âge d'homme, ils ne savent pas et ne veulent pas combattre. Ils n'ont pas l'habitude de lutter pour obtenir, puisque nous leur avons tout donné d'emblée... Il y en a même qui avouent n'avoir aucun désir, aucun goût particulier pour rien, donc aucune idée en ce qui concerne leur future profession et leurs études.

Rappelons que la petite fille débute ses activités par l'imitation : « faire comme » pour « devenir comme » et rejoindre l'Autre, tel est le grand fantasme de l'enfant de deux ans : rejoindre l'autre non plus de façon câline comme avant, mais de façon active.

Cette petite fille, dès qu'elle peut se déplacer, à quatre pattes d'abord, puis sur ses pieds (aucun mode de déplacement n'est à proscrire : c'est une victoire pour l'enfant de pouvoir *suivre* l'adulte; peu importe le moyen choisi et tant pis pour le pantalon...), cherche à attraper tout ce qu'elle trouve à sa portée, tous les objets qu'elle a convoités si longtemps sans pouvoir les « prendre », c'est-à-dire les saisir avec les mains et les porter à sa bouche. La bouche en effet reste à cet âge le moyen cognitif le plus rapide pour savoir ce qui est bon ou mauvais.

Un enfant de quinze mois fait toutes sortes de « bêtises », comme dit l'adulte. Il attrape les choses avec maladresse, n'en connaissant ni le poids ni la forme. Il fait tomber ce qu'il touche, il tombe parfois lui-même, il renverse, il fait déborder. Il n'a pas le sens de l'espace ni celui des volumes et c'est justement ce qu'il est en train de découvrir par ses propres moyens.

Si vous voulez avoir un instant de paix avec un enfant de cet âge, asseyez-le dans une petite baignoire à sa taille, emplissez-la d'eau et mettez celle-ci dans la grande baignoire en vue des débordements, ou, si c'est l'été, sur un balcon, dans la cour, dans le jardin. Donnez à l'enfant quelques petits récipients en plastique ou même seulement quelques petites cuillères : il va passer un long moment instructif à remplir et à vider les récipients. En versant l'eau, pour remplir et pour vider, l'enfant écoute, regarde, recommence, il est en train de faire l'expérience extraordinaire décrite par le grand

Piaget[1] : il constate que, l'eau versée, le récipient reste dans sa main et il apprend ainsi qu'on peut donner une partie de quelque chose et garder le reste. Sur le plan psychologique, l'enfant se rend compte qu'il peut « donner » quelque chose de lui à sa mère sans disparaître complètement pour autant (constatation importante au moment où justement la mère commence à lui demander de « faire » là où elle veut).

La petite fille, comme le petit garçon, du reste, au même âge, a besoin d'être rassurée sur ce qu'elle donne à l'adulte, besoin de prendre conscience qu'elle ne va pas disparaître avec les excréments... Au début tout est mélangé, l'eau, le récipient et l'enfant, mais peu à peu chaque composante va se dégager, l'enfant comprend qu'il est en définitive maître de l'eau et du récipient, il est content de « dominer », et il sera content de « dominer » son besoin de faire pipi, d'attendre ou de se faire attendre. Par moments, quand il est angoissé, tout se mélange à nouveau et il ne sait plus qui dirige, lui ou le besoin de faire pipi : il demande et redemande d'aller sur le pot alors qu'il en vient. Ne vous inquiétez pas, c'est le rodage de ce que l'on appelle la maîtrise de soi, qui consiste à savoir « se » distinguer de l'objet.

La petite fille aime également à cet âge un jeu qui consiste à tirer ou pousser les objets qui font du bruit ; n'a-t-elle pas été cet objet qu'on tirait ou qu'on poussait et qui suivait ? Maintenant elle « prend » le pouvoir sur l'objet, elle tire le camion, elle pousse la poussette et elle rit ! Elle pousse la chaise contre la porte, de sorte que vous ne pouvez ni entrer ni sortir ! Ne grondez pas, elle apprend son pouvoir sur une chaise et sur vous... L'édu-

1. Jean Piaget, *Six études de psychologie*, Folio.

cation est la longue histoire d'un pouvoir qui s'inverse entre vous et l'enfant, mais le pouvoir de l'enfant augmente peu à peu dans la mesure où vous l'acceptez, où vous ne le brimez pas systématiquement dès qu'il se manifeste... Après quelques minutes de jeu où vous vous laissez « empêcher » par l'enfant, vous aurez toute latitude pour dire que vous avez fini de jouer et que maintenant « il faut que » vous alliez autre part...

C'est dans ces jeux de pouvoir sur vous que l'enfant se remet de son long esclavage oral. La petite fille est débordante d'activité, elle a besoin de faire, de faire comme elle voit sa mère *faire*. Pour une fille « être au féminin », c'est faire certains actes que fait la mère : c'est le temps des dînettes, des balais, des chiffons, des cuillers et casseroles sorties du placard de maman.

La sexualité des petites filles

La petite fille qui vit sans contacts corporels avec son père n'a pas reçu la confirmation inconsciente que son corps possédait un différence intéressante, et sa mère qui l'a tant changée, nettoyée, masturbée (sans le savoir), a davantage pensé à la propreté qu'à la sexualité.

Si la petite fille en liberté sur la table de change pédale énergiquement, sa mère a oublié depuis longtemps l'effet produit par ce pédalage... Et si la petite fille met sa main « là », sa mère a tôt fait de la lui enlever, sans mot dire ou avec réflexion à l'appui « Non c'est pas propre » ou, pis encore, « Petite sale ! Veux-tu enlever ta main de là ! ». La petite fille ne comprend pas les mots, mais elle comprend le ton... Elle ne le fera plus... Elle n'osera plus le faire, si c'est pour se faire taper sur les doigts. La sexualité de la petite fille est moins « permise » que celle du petit garçon, parce que les manifestations de celle-ci sont moins évidentes – les mères ne peuvent pas nier l'érection de leur bébé mâle, au moment du change –, tandis que la localisation de celle-là – la sexualité de la petite fille – étant invisible, on peut faire semblant de croire qu'il n'y en a pas du tout.

Cependant la petite fille perçoit la différence des sexes entre quinze et dix-huit mois : elle remarque le sexe de son père, voit la toison pubienne de sa mère et se demande ce qu'elle a, elle. Elle se regarde accroupie, elle se met devant une glace, mais elle ne voit rien à cet endroit, parce qu'il n'y a rien de visible.

Dès qu'elle le peut, elle parle de ces choses qu'ont le père et la mère, elle fait voir qu'elle n'est pas comme eux. C'est à la mère de lui expliquer ce qu'il y a dans sa fente et ce qu'est ce petit bouton si sensible. Après avoir été celle qui éveille la sexualité de l'enfant, la mère doit être celle avec qui la petite fille comprend comment le sexe est fait et à quoi il sert. C'est au parent de même sexe que l'enfant que revient la charge de parler de ce sexe.

En effet la petite fille par la marche et la parole est devenue capable d'atteindre les objets et de questionner sur leur utilité. Il en est de même pour le sexe qu'elle peut toucher ou frotter contre quelque chose de doux, « elle se masturbe ». Ses parents n'interrompront pas cette sexualité active, car l'enfant devient actif en tout et on ne lui interdit que les choses dangereuses. Or toucher son sexe cause du plaisir à la petite fille en lui rappelant le temps délicieux où le plaisir venait des parents... mais entre l'absence d'Œdipe avec le père, et l'absence de sexualité reconnue par la mère, la fille aura du mal à « apprécier » son sexe comme il convient... Cette partie du corps va rester pour nombre de filles « honteuse » et les plaisirs qu'on en tire condamnables... La plupart des enquêtes auprès des femmes montrent bien à quel point la masturbation est chose *répréhensible* pour elles.

Si seulement on se souvenait d'une certaine phrase du premier des psychanalystes... Freud a en effet écrit à propos des mères : « Les rapports de l'enfant avec les personnes qui le soignent sont pour lui une source d'excitations et de satisfactions sexuelles partant des zones érogènes... Il est probable qu'une mère serait vivement étonnée si on lui disait qu'elle éveille ainsi par sa tendresse la pulsion sexuelle de son enfant et en détermine l'intention future... Elle ne fait qu'accomplir son devoir, quand elle apprend à aimer à l'enfant, qui doit devenir un être complet et sain, doué d'une sexualité bien développée... [1]. »

Il est certain que faisant la toilette des petites filles la mère ne pensait pas à cela... et n'aurait pas voulu faire du sexuel avec elles si tôt !

Mais toute mère qui veut tenir propre son enfant est bien obligée de lui toucher le sexe, délicatement et fort agréablement pour lui, qu'il soit fille ou garçon !

La masturbation, c'est nous qui l'apprenons à nos enfants. Elle est commencée dès le premier change, lorsque l'enfant ne voit rien, ne sait rien, mais « sent »

1. Sigmund Freud, *Trois Essais sur la sexualité*, Éd. Gallimard, p. 133.

déjà son sexe que nous avons sollicité sans le vouloir. Jamais notre enfant ne se masturbera autant que nous l'aurons masturbé nous-même. Si vous souhaitez que votre fille vive bien sa sexualité, ne vous voilez pas la face, sachez que le jour où les mots lui viendront pour vous questionner avec sa tête, il y aura belle lurette que son corps connaîtra les jouissances de « se toucher ». Il sera urgent alors de lui dire la vérité sur ce qu'elle a : Il faut parler à une fille de son *clitoris* qu'elle ne voit pas. Vous l'appellerez « bouton », « zizi de fille », ce que vous voudrez, mais il est impensable de ne pas se conduire dans ce domaine comme dans les autres.

Votre enfant a vu pendant longtemps la lampe allumée le soir et un jour il demande ce qui la fait briller, pourquoi ça éclaire, comment ça marche, ce n'est pas aisé de lui expliquer l'électricité, cependant vous lui répondez quelque chose de plus ou moins scientifique, de plus ou moins poétique, mais vous n'éludez pas la question. Le soleil, son lever, son coucher, est-ce facile à expliquer ? Pourtant, nous avons tous tenté de le faire, alors pourquoi ne pas agir de même sur le plan sexuel, sachant que notre enfant a des « sensations » depuis sa naissance ?

Pourquoi ne pas parler à la petite fille de ce qu'elle connaît pour l'avoir éprouvé depuis toujours dans son corps et dont elle demande aujourd'hui l'explication ? *Les premiers sexologues sont toujours les parents...*

Cependant les mères peuvent être gênées d'avoir à parler de ceci avec leurs filles, craignant de leur donner le mode d'emploi de la masturbation à deux ans !

Mais plus encore que le mode d'emploi, vous leur en avez donné l'expérience régulière. Et celle-ci demeure : l'enfant prendra votre relais dès que vous ne le ferez plus vous-même. Vers dix-huit mois quand la petite fille est propre et qu'elle ne porte plus de couches, vous la verrez mettre sa main là, aussi naturellement qu'elle la met dans ses cheveux ou à sa bouche; mais là, elle l'y laisse un peu plus longtemps, tout simplement parce que c'est agréable et que ça rappelle le contact rassurant des mains des parents lors du change... C'est une masturbation passagère et fortuite, qui tient plus aux occasions qu'à un véritable besoin. D'ailleurs, elle ne débouche que sur une détente physique, l'orgasme n'apparaissant qu'à la puberté, avec l'apport hormonal.

La mère ou le père se garderont bien d'interdire ces gestes des enfants, sachant qu'une interdiction de ce type, lors de la formation inconsciente, pourrait entraîner un blocage sexuel avec l'idée de culpabilité rattachée au sexe. Comme le plus souvent nous sommes destinés, lors de notre vie sexuelle adulte, à nous faire caresser par notre partenaire, il y a tout intérêt à ce que ce geste ne rappelle jamais une expérience pénible. Il doit donc rester « agréable » pour l'enfant. La seule restriction portera sur le caractère privé de la chose : on ne se tripote pas le sexe en public!

L'enfant se caresse spontanément chaque fois que la situation de nudité se présente : déshabillage, bain, station sur le pot, etc. L'endormissement est aussi un moment favorable à la caresse car souvent l'enfant a besoin d'être rassuré avant de s'endormir et la masturbation a une fonction rassurante puisqu'elle évoque une situation de confiance avec la mère.

La masturbation n'est pas toujours manuelle et des tas de positions et balancements peuvent favoriser chez la fille des sensations voluptueuses du clitoris et des grandes lèvres.

La masturbation, dans la mesure où elle n'est pas compulsionnelle, c'est-à-dire retour en arrière permanent, ne doit pas inquiéter les parents. Elle *fait partie de la vie* au même titre que la nourriture ou les excréments.

Pour les psychanalystes, la sexualité est toujours présente dans la vie de l'enfant, mais les parents ne se rendent pas compte que leur silence sur ce sujet (on laissera toujours l'enfant prendre l'initiative de la question) risque d'avoir des conséquences définitives en créant entre eux et lui un domaine interdit, qui englobera bien d'autres sujets que la sexualité. Devant le refus parental de répondre, l'enfant conclut qu'il y a des choses qu'il vaut mieux ignorer, et il refusera lui-même par la suite d'apprendre certaines données scolaires qui ne lui paraissent pas évidentes. Le domaine sexuel est, avec celui de la mort, l'endroit où les psychanalystes trouvent le plus souvent l'origine du blocage intellectuel et scolaire de l'enfant.

Ni l'enfant ni le savoir ne peuvent se découper en tranches. Les parents qui sèment des « secrets » récolteront des « lacunes », c'est parfaitement logique. Ou bien l'enfant a l'habitude de tout comprendre avec l'aide de ses parents, ou bien il a l'habitude de buter contre des portes fermées, et cette situation inspirera son comportement à l'école : ou aller vers toutes les connaissances ou rester derrière la porte, ou tout comprendre, ou ne pas comprendre. En effet, l'enfant est un *tout*, et si vous refusez de répondre à une de ses questions, non seulement la question ne disparaîtra pas, mais elle occupera tout le champ de la réflexion : la partie aura bloqué le tout. Ne vous étonnez pas alors que votre enfant soit distrait, dans la lune, « parti ailleurs »...

De plus, un enfant à qui on refuse le « dire » va continuer à « faire », pour trouver une autre solution à ce qu'il ne comprend pas. C'est le cas de la petite fille qui, dans les réponses de sa mère, a senti une orientation franchement morale, non pertinente à ses questions et qui continue tranquillement à jouer à « ça », en l'absence de ses parents. On est parfois surpris de la trouver avec un objet dans le vagin, alors qu'elle était censée ignorer cet endroit. Il est vrai qu'elle agit de même avec ses oreilles, ou les trous de son nez, mais les uns sont reconnus et nommés et le vagin ne l'est pas.

Elle a découvert qu'elle avait un trou « là », mais ce « là » étant devenu tabou, elle ne pourra rien en dire. Comment voulez-vous qu'un peu plus tard, vers cinq, six ans, elle vienne vous dire ce que lui font les petits garçons du quartier ou pis encore le voyeur ou l'exhibitionniste du coin ? Les parents eux-mêmes ont barré la route à ce dire-là... Beaucoup de gens se désolent de l'extrême silence de la petite fille, de la jeune fille, de la femme même quand elle subit un outrage sexuel !

C'est d'autant plus curieux que permission a été largement donnée de parler de cela, en cas de viol tout particulièrement.

Mais peut-on s'étonner que quelqu'un soit incapable de parler d'un sujet qui a toujours été évité jusque-là avec lui ? Ainsi en est-il de la petite fille ou de la femme dont on a clos la bouche, par un silence significatif à propos du sexe quand elle était petite.

C'est pourquoi, quand il s'agit du sexe, l'enfant se débrouille *seul,* même si ce monsieur lui demande des choses pas très claires, même si le tonton a une drôle de conception de la tendresse : l'enfant sait que de ces choses, on n'a *jamais parlé*, comment et où trouver des mots pour cela aujourd'hui ? Il pense qu'il ne serait pas bien de le faire, d'autant qu'il s'agit d'un homme... et que du côté de l'homme l'enfant ne sait rien...

La fille, entre l'absence de reconnaissance de sa féminité par son père et le silence de sa mère sur ces choses, est devenue « muette » sur le sujet. D'autant plus que, souvenez-vous, alors que la maman attachait le moins d'importance possible au sexe, aujourd'hui le tonton s'y intéresse beaucoup et dit à l'enfant plein de choses délicieuses et troublantes. Elle est touchée œdipiennement par ce qu'elle entend et qu'elle aurait voulu entendre de son père, cela lui fait un peu de *plaisir,* mais aussi beaucoup de *honte...*

Être ambivalente entre le plaisir et la honte, n'est-ce pas une position psychologique fréquente chez la femme, qui refuse souvent par pruderie tout ce qu'elle adore par nature mais qu'on lui a décrit comme condamnable et sale quand elle était petite.

Les parents doivent absolument comprendre que, *de leur attitude vis-à-vis de la sexualité avant six ans,* découlera tout le comportement de l'enfant et de l'adulte. Il est donc très important que, d'une part, le père aime œdipiennement sa fille et que, d'autre part, la mère parle de ce que la petite fille « a » et non de ce qui « l'attend plus tard ».

À cause du silence des mères, leurs filles vivent souvent de rêves : une petite fille n'est pas ce qu'elle *est*, elle attend ce qu'elle *sera*, dont font partie le mari, le bébé, toutes notions bien ancrées dans l'inconscient féminin... Que ne ferait-on pas bien plus tard dans la vie et devenue adulte pour avoir un enfant, si c'est la condition indispensable pour être une femme ?

La petite fille, qui croit n'avoir *rien* du temps de son enfance, demandera et attendra *tout* à l'âge adulte et sera peut-être déçue... Si on apprenait aux petites filles que, telles qu'elles sont, elles nous satisfont, peut-être ne les retrouverait-on pas femmes insatisfaites et difficilement comblées parce que n'ayant jamais eu l'expérience de l'être...

Combien de regards maternels restent fichés dans le cœur de la femme, elle qui se sent si souvent coupable de ne pas être à la hauteur de la situation et craignant qu'une autre ne prenne sa place ! Quelle « autre » pourrait encore inspirer des craintes pareilles à l'adulte, sinon la première de toutes, la mère qui a écrasé sa fille de toute la supériorité de son corps et ne lui a laissé supposer à aucun moment une similitude que la petite fille ne devine pas ?... Similitude qui n'est pas évidente entre le corps plat de la petite fille et celui dessiné et mamelonné de la mère...

Jalousie et ambivalence chez la petite fille

La petite fille voit les seins de sa mère et elle constate sa propre platitude, elle voit la toison pubienne féminine et elle se voit toute lisse et fendue. Il est bien normal qu'à partir de là, elle questionne celle qui possède « tout ce qu'elle n'a pas ». Il est grave qu'une mère écarte les questions de sa fille qui a absolument besoin de sa réponse pour se rassurer sur ce qu'elle est et ce qu'elle a. Or, les mères se taisent quant aux jouissances réelles de l'enfant – qui de ce fait, deviennent « interdites » et « coupables » – et, la plupart du temps, se contentent d'évoquer ce qui est à venir : les seins, les bébés, le mari, tout ce qui est hors d'atteinte de la petite fille. Celle-ci ne peut que rager du fait qu'elle n'a *rien* de ce qu'il faut pour être une femme et ne peut qu'en vouloir à sa mère de ne pas lui avoir donné ce qu'ont les femmes.

La petite fille n'ayant ni le même corps que la mère, donc pas d'accès à l'homosensualité, ni l'attention du père, donc pas d'accession à l'œdipe hétérosensuel, se juge défavorisée par rapport à sa mère.

La *comparaison* entre femmes commence bien là, au détriment de la petite fille qui devient *jalouse* de sa mère et n'a d'autre ressource que de « jouer » à la maman, et de tenter de séduire le père elle aussi.

Les femmes se jugent toujours les unes par rapport aux autres. « Dis-moi que je suis la plus belle », demande fréquemment la femme à l'homme, comme le demandait à son miroir, dans Blanche-Neige, la méchante reine qui ne supportait pas l'idée qu'une très jeune fille fût plus belle qu'elle.

C'est un conte qui ravit l'âme des petites filles car non seulement une jeune fille y est enfin plus belle qu'une très belle femme dans sa maturité, mais encore le règne de la femme se termine (la reine meurt) quand commence celui de la jeune fille (Blanche-Neige est « réveillée » et rendue à la vie). Ainsi les petites filles peuvent-elles croire un instant qu'elles ont des chances de l'emporter sur les femmes.

Des contes pour enfants aux romans d'amour pour femmes, il n'y a pas de différence : l'un est magique, l'autre merveilleux. Mais c'est toujours la même histoire, celle des jeunes filles rendues malheureuses par leur entourage et sauvées, ou par le Prince Charmant, ou par « l'homme de leur vie ». Pourquoi les filles puis les femmes sont-elles les « liseuses de roman » que nous savons, sinon parce que c'est leur unique moyen de voir incarnés leurs rêves de bonheur avec l'homme, même si ce n'est que sur le papier ?

La petite fille, la jeune fille, la femme, ont toutes comme problème « l'autre femme ». C'est la dialectique de la fille élevée par une autre femme, gênée par son existence et cependant ne vivant que par elle... Et, dans son for intérieur, rêvant d'un homme salvateur.

L'homme, nous le savons, fera payer cher, parfois très cher à la femme, le fait d'avoir été pris comme antidote de la mère... J'ai entendu souvent la femme exprimer sa surprise de n'avoir trouvé dans l'homme qu'une deuxième Mère, plus sadique encore que celle qu'elle avait fuie en se jetant dans le mariage.

Cependant la plupart des femmes disent préférer l'homme à la femme, c'est un fantasme qui vient de loin ! La petite fille, dans ses difficultés avec la mère, imagine déjà que si elle était avec son père ce serait sûrement mieux (ce qui n'est pas prouvé)... Déjà la suprématie du père « absent » se nourrit de l'ambivalence à la mère.

Et les fantasmes cherchent à se réaliser, car à partir de dix-huit ou vingt mois, la petite fille (si elle a été éduquée principalement par sa mère) va essayer de faire la conquête de son père. Après tout, si elle n'a rien de commun avec cette femme, peut-être peut-elle lui prendre son mari ; ce serait un bon lot de consolation ! La fillette entre ainsi, tardivement hélas ! dans l'Œdipe que le garçon a connu dès sa naissance.

Elle veut séduire son père. Elle prend vos chaussures, vos colliers, votre rouge à lèvres pour faire une entrée remarquée au salon où papa, persuadé que sa fille est heureuse puisqu'elle vit avec la mère, est en train de regarder la télévision. La nouvelle Stéphanie est là, visiblement séductrice, déguisée de tous vos atours. Surtout, laissez faire ! Que votre mari fasse bon accueil à cette petite comédie, qu'il éteigne un peu sa chère télé pour dire à Stéphanie qu'il l'aime « aussi » telle qu'elle *est*, parce qu'elle est *sa* fille...

La fille, à partir de deux ans, essaye de toutes ses forces d'intéresser son père, elle lui apporte ses pantoufles, son journal, elle se colle à côté de lui, faisant semblant de lire... Et voilà justement maman qui l'appelle pour aller dans son bain ! Oh, que maman est embêtante ! Eh bien, si papa, après un câlin bien mérité, allait lui donner son bain, ne serait-ce pas mieux pour tout le monde ? Après tout les mères le font bien avec leur fils, pourquoi les pères ne le feraient-ils pas avec leur fille ? Seraient-ils inaptes à faire la toilette des enfants ? Réfléchissez à ceci : n'est-ce pas vous qui, sous prétexte de leçons à apprendre, de bain ou de repas, coupez votre petite fille de son père ? Sous prétexte de « bonne » éducation ne vous mettez-vous pas en travers de la route de votre enfant, laissez le père appartenir à l'enfant, laissez l'Œdipe fleurir entre eux.

Si je dis cela, c'est parce que des hommes, pères de famille, sont venus après mes conférences me dire : « Madame, tout cela est très bien, mais dites d'abord à ma femme de me laisser la place... Elle est toujours là, ne me faisant pas confiance une minute ! »

Je le pense aussi à cause de nombreuses réflexions venant d'adultes en problèmes qui m'ont dit, comme cette jeune femme :

« Comment voir le Père, derrière l'écran que fait la Mère ? » Et cette autre :

« Mon père ? Elle a tout fait pour qu'il ne s'intéresse pas à moi, il fallait qu'il n'y ait qu'*elle* ! »

Sans en avoir conscience, les mères sont les premières à refuser de prêter le père à l'enfant ou l'enfant au père : certaines croient absolument être les seules compétentes pour s'occuper d'une fille, d'autres, aussi affamées d'Œdipe que leur fille, n'entendent pas lâcher leur objet d'amour exclusif, leur mari, au bénéfice de leur fille, d'autres encore relèvent des deux catégories à la fois, ce qui donne en clair : « Ma fille a sa mère, et moi j'ai mon mari. » Aussi reprochent-elles à l'homme de s'occuper de ce qui ne le regarde pas, et à la fille d'importuner son père qui a autre chose à faire...

Qu'est-ce qu'une bonne mère ?

Vous connaissez comme moi ces mères qui ne délèguent leur pouvoir auprès de l'enfant qu'au moment de punir, pensant ainsi garder leur privilège de « bonne mère ». Elles disent à l'enfant : « Tu verras quand papa arrivera !... », laissant le sale rôle de justicier au père qui, souvent, n'a d'autres liens œdipiens avec sa fille que la gronderie du soir. Le résultat de ce manège est que l'enfant considère n'être aimé ni par le père qui gronde, ni par la mère qui « cafarde »...

On dirait qu'une femme devenue mère a tout oublié de sa relation ambivalente avec sa propre mère ou qu'elle espère faire mieux... Mais il est impossible d'être une *bonne mère*, aimée à tout instant, c'est un rêve complètement chimérique de la part des femmes, acharnées à donner ce qu'elles n'ont pas eu.

En effet, il arrive toujours un moment où, pour le bien ou la vie même de l'enfant, vous refusez d'accéder à son désir. À partir de là, la « bonne mère » n'existe plus. L'enfant vous rejette intérieurement, il vous *déteste* pendant un laps de temps plus ou moins long. Quand on est parent, il est indispensable de savoir ceci : *nos enfants nous aiment et nous détestent tour à tour, selon que nous correspondons ou non à leur désir du moment.*

Au cours de la première année déjà, que de désirs contrariés chez un jeune bébé de trois ou quatre mois qui n'a pas de mots pour dire ce qu'il veut exactement ! Dès la première année, l'enfant a pour son parent un amour *ambivalent,* et c'est ce qu'il peut faire de mieux ! Il est important que les mères le sachent ! Elles ne peuvent pas être aimées totalement et idéalement comme elles le souhaitent parfois et c'est de ce Manque que jaillit la communication donc la parole humaine. C'est dans la trop grande proximité avec le désir de la mère que s'établit le silence du psychotique.

Les mères en vérité, voulant bien faire ne savent plus où s'arrêter. Certaines d'entre elles – j'en ai rencontré et les pédiatres en voient – s'obstinent à allaiter leur enfant jusqu'à deux ans ou plus, sous prétexte de lui éviter la frustration consécutive à la séparation d'avec le sein ! Et si la femme souhaite avoir la haute main sur l'éducation, c'est, la plupart du temps, parce que, ayant été blessée par sa propre mère et voulant éviter la blessure à son enfant, elle croit être la seule à pouvoir le faire.

Tout le monde devrait lire Melanie Klein [1], cette grande psychanalyste du début du siècle qui a écrit des pages et des pages sur la Haine et l'Amour, que traverse alternativement le bébé : il a parfois des fantasmes de destruction terribles concernant le sein, la mère et lui-même. Le bébé est loin d'être ce petit ange que nous aimons regarder dormir dans son berceau et parfois sourire « aux » anges et il manifeste souvent par la violence de ses rages qu'il voudrait tout réduire à néant, y compris ses parents, s'il le pouvait...

À l'âge où l'inconscient de nos enfants est le plus meurtrier nous avons heureusement la force physique de notre côté !

Il est vrai qu'un enfant endormi, souriant dans son sommeil, nous paraît être l'image vivante du paradis sur terre...

Mais notre enfant n'a rien d'un ange, il ne descend d'aucun paradis et nous n'avons aucun Éden à lui offrir. Notre devoir de parents est justement de lui faire prendre conscience du monde qui l'entoure et du fait que sa toute-puissance n'est que relative. Croire que l'on peut prolonger l'état bienheureux de l'avant-naissance (et encore ne savons-nous pas exactement ce qu'il est) au-delà de l'accouchement, est un leurre et un rêve d'adulte.

Nulle mère si « bonne » soit-elle ne peut empêcher que son enfant, à partir de son entrée dans le monde réel, ne souffre de toutes les agressions connues en un seul instant et qui entourent la naissance : la pesanteur qui lui donne l'impression de tomber dans le vide enfin découvert (voir les rêves qu'adultes nous faisons sur des

1. Melanie Klein et Johan Rivière, *L'Amour et la Haine,* Payot.

chutes mortelles dans le vide), la lumière tout à coup sans filtrage, le bruit terrible qui frappe directement son oreille au lieu d'être transmis à travers le liquide amniotique, tout cela représente l'énorme stress dû à la naissance et arrache brutalement le bébé à l'Éden maternel.

Vous n'avez pas été « bonne » à ce moment-là, mais vous avez été mère et vous allez le rester, c'est-à-dire à ses côtés quand il éprouvera de l'angoisse : vous n'allez pas nier l'angoisse, vous allez lui faire comprendre qu'il n'est pas *seul*. C'est de vous, les parents, qu'il apprendra que la vie se traverse mieux en compagnie.

Somme toute, vous n'allez pas le leurrer avec un paradis illusoire, vous allez lui faire quitter le sourire béat de l'ange pour lui faire connaître les manques et les joies des êtres humains, indéfiniment tracassés par le désir de « tout être et tout avoir ».

La science de l'éducation n'est-elle pas l'art d'apprendre à l'enfant ce qu'il peut atteindre et comment l'obtenir, plutôt que de lui faire croire qu'il peut tout avoir alors que nous savons très bien qu'il n'en est rien. Ni Père ni Mère ne sont le *tout* de l'enfant, et il n'y a aucune raison de donner la préséance à la femme pour ce qui est du bonheur de cet enfant.

Cette idée de « bonne mère » ne viendrait-elle pas de notre culture encore tout imprégnée de judéo-christianisme avec notion de faute, et de pureté ?

Mais nul n'est *pur* sur cette terre, ni la mère ni l'enfant qui vient de naître et qui hurle prêt à dévorer tout ce qui pourrait passer à portée de sa bouche, l'enfant qui se griffe la figure dans sa rage d'être contrarié, l'enfant qui se calme miraculeusement parce que sa mère, pour le faire « attendre », l'a pris dans ses bras et frotte sensuellement sa joue contre la sienne. Un « petit pervers polymorphe », voilà ce qu'est l'enfant d'après Freud qui l'a étudié de près, il n'y a même pas cent ans ! Mais on continue à vouloir considérer les jeunes enfants comme des anges, sans sexe, bien entendu.

Je n'étais, hélas, pas tellement étonnée d'entendre un jour à la télévision, au cours d'une émission sur la sexualité des Français, une jeune mère dire combien c'était « triste de constater que nos enfants dès l'âge de deux ou trois ans jouaient sexuellement entre eux. C'était désolant qu'ils connaissent ces choses aussi jeunes ».

La sexualité est-elle vue comme la chose la plus triste du monde, alors que c'est l'une des plus belles ? Ne les a-t-on pas mis au monde, ces chers petits, pour que progressivement ils nous rejoignent, puis nous dépassent ? Ils naissent avec un appareil neuromusculaire insuffisant et, de ce fait, nous passerons beaucoup d'heures à les porter et leur apprendre à marcher, mais la sexualité, elle, est complète. Tous les organes sont là : la petite fille possède à l'intérieur du corps la même chose que sa mère et l'extérieur, bien que se présentant différemment, comprend tous les organes excitables de la vulve. Si nous n'arrivons pas à mettre des mots sur ce qui est, c'est que nous sommes obsédés par l'idée « impure » que nous nous faisons de la sexualité, celle-ci nous vient d'une séculaire histoire de vierge pure ayant accouché d'un Dieu, et nous voudrions accoucher de petits anges (qui deviennent souvent de petits démons) !

Cette idée angélique du bébé fait que la mère ne veut pas que sa fille devienne un être sexué, et elle pense naïvement pouvoir la laisser dans l'ignorance. Ce dont elle ne se rend pas compte, c'est que sa fille connaît une part de sa vérité intime et qu'elle prend l'habitude de la garder pour elle. Toutes les petites filles se masturbent, mais toutes les mamans ne le savent pas, à croire qu'elles ont oublié ce qu'elles faisaient elles-mêmes dans leur lit quand la lumière était éteinte et que maman était partie.

Et maintenant que leur fille veut savoir, maintenant qu'enfin elle veut comprendre qui elle est, mettre des mots sur ce qu'elle ressent, elle se heurte à un mur du côté maternel : « Tu es trop jeune pour parler de ça, on verra plus tard. »

L'enfant qui pose une question sur un sujet n'est jamais trop jeune pour l'aborder, c'est la mère qui est déjà trop vieille dans sa tête, pour ne plus se souvenir qu'elle aussi avait voulu comprendre... qu'elle aussi avait posé des questions... Pourquoi les seins ? Pourquoi les bébés ? Pourquoi les poils ? Pourquoi les chatouilles en bas entre les cuisses ? Pourquoi papa ferme-t-il la porte de la salle de bains (ce qu'il n'aurait pas dû faire) ?... Elle a oublié comment sa confiance en sa mère s'était évanouie peu à peu, et elle recommence aujourd'hui avec sa fille... Et sa fille passe de l'ambivalence du premier âge au refus conscient de la fillette : elle ne fera plus confiance à une telle mère, mais la mère n'en saura rien.

Et vos petites filles de vous faire souvent de grandes déclarations d'amour : « Maman, si tu savais comme je t'aime. »

De toute évidence si l'enfant cherche à vous rassurer, c'est de crainte que vous ne perceviez la défaillance de son amour. Si votre fille est sans arrêt sur vos talons pour vous faire un câlin et vous dire qu'elle vous aime, il se peut que son amour se soit transformé en crainte de vous perdre à la moindre occasion : accident, maladie, absence. Les déclarations intempestives prouvent qu'elle a du mal à vous aimer en ce moment et a besoin de se repositionner dans sa relation avec vous.

Demandez-vous en quoi vous la dérangez. Êtes-vous en train de barrer sa route vis-à-vis du père ? Pour votre bien à toutes deux, vous avez intérêt à ce que l'enfant se rende compte que vous n'êtes pas vraiment l'ennemie qu'elle croit, mais une mère toute prête à l'aider à conquérir le père.

Mais comment une mère peut-elle apparaître si dangereuse à sa fille, alors qu'elle ne cherche que son bonheur ?

C'est sans doute que le bonheur imaginé par la mère ne ressemble pas à celui attendu par la fille. Nous avons déjà vu comment les « bons » fantasmes des mères dans la première année mènent à des situations négatives. Que me disent ces filles trop longtemps tenues sous l'autorité écrasante de la mère ?

« *Mauvaise*, j'étais *mauvaise* parce que pas conforme à son idéal de femme... J'étais mauvaise parce que je n'étais pas ce qu'elle voulait. »

« Comment ne pas me sentir *mauvaise*, alors que je refusais de faire ce qu'elle déclarait *bon* ? »

« Elle ne pouvait pas m'aimer, j'étais trop *différente* de ce qu'elle attendait. »

Certaines femmes restent toujours avec l'idée du regard de l'Autre et elles tremblent d'être vues mauvaises, ou différentes de ce qu'il faudrait être. Elles font partie de ces femmes trop propres, toujours en train d'enlever la saleté, de traquer la poussière ; elles essayent *par des actes* d'enlever la noirceur qu'elles croient porter en elles et voir autour d'elles.

Mais la saleté contre laquelle elles se battent continue de les poursuivre à l'infini, car il s'agit le plus souvent de la culpabilité contractée dans l'enfance face à une mère trop exigeante par rapport au stéréotype féminin.

Comment la fille échappe enfin à sa mère

La fille, face à tant de difficultés, n'a qu'un seul recours : le père. Et s'il n'y a pas de père ? Et si le père ne veut pas se prêter à l'Œdipe avec sa fille ? Comment va-t-elle se débrouiller dans des sentiments aussi complexes et parfois contradictoires ?

Le plus souvent l'enfant, dépassée par l'intensité de ses sentiments envers ses parents, va les « partager » avec un animal ou un jouet qui fait partie de son environnement. C'est ainsi que nous voyons la petite fille jeter dans un coin son nounours chéri et partir en lui tournant le dos, pour revenir l'instant d'après le ramasser et le serrer tendrement sur son cœur, avant de recommencer. À deux ans, la petite fille a déjà trouvé un moyen de ne pas garder sa rage en elle : elle l'attribue à un autre. C'est la base même du jeu psychodramatique employé en thérapie adulte pour libérer le « refoulé » dangereusement accumulé.

Un autre jeu avait commencé bien plus tôt, vers neuf ou dix mois lorsque l'enfant du haut de sa chaise, ou de son berceau s'amusait à jeter par terre tous les objets qu'on lui donnait. C'est le célèbre « va-t'en reviens », manège observé par Freud chez l'enfant qui tente de s'habituer ainsi aux départs de sa mère. En effet, bien que suivis de retour, ceux-ci le font souffrir depuis l'âge de huit mois.

Il est bon de jouer à ce jeu avec l'enfant, comme il est bon de jouer à cache-cache un peu plus tard, tout cela prouvant que les gens peuvent disparaître et peu après réapparaître. Le départ des parents ne serait pas plus terrible que cela !

Par le jeu l'enfant essaye de s'habituer à ce qui l'angoisse intérieurement.

Il reproduit la même situation que celle qu'il a dû subir et qui l'a angoissé, mais cette fois-ci c'est lui qui tient les commandes : de *passif* il devient *actif.*

Tout le monde connaît l'attrait de la petite fille pour une poupée à qui elle fait revivre les situations qu'elle a connues avec sa mère. La poupée est déclarée tour à tour « mignonne » si elle fait ce qu'on lui dit et « vilaine » si elle ne le fait pas. La petite fille essaye par là de prendre à son tour le rôle de parent tout-puissant, ce qui lui permet, en pensée au moins, d'inverser la situation et de ne pas être toujours celle qui doit obéir.

Je me souviens de la joie extraordinaire de mes enfants lorsque je consentais à devenir « le bébé », eux étant alors les parents. Tout y passait de leur vie affective, qu'ils me prêtaient à ce moment-là : j'ai eu droit à une explication de la jalousie, un discours sur la propreté, une attitude rassurante devant ma peur du noir ; ils me montraient quoi faire quand le bébé pleure, que lui dire pour lui expliquer sa naissance... C'était pour moi le miroir où je pouvais voir la mère que j'étais, et c'était pour eux l'occasion de s'imaginer

« grand » avec un « petit ». Les rôles n'étaient donc pas immuables ; un jour ils prendraient le pouvoir, ce qui n'est pas faux, même par rapport aux parents. Quand nos enfants sont grands, il arrive que nous ayons singulièrement rapetissé et qu'ils poussent à leur tour notre petite voiture...

À partir de l'âge de quinze mois, l'enfant ayant acquis la marche n'est déjà plus entièrement soumis à la volonté des parents... et c'est par de bruyants caprices qu'il va signaler son propre désir.

Il commence à parler, ce qui lui donne la possibilité de « dire » ses sentiments. Dans le jeu, qui reproduit ses propres mésaventures : par l'intermédiaire d'un objet ou d'un animal, l'enfant se délivre de ses pulsions violentes vis-à-vis de ceux qui s'opposent à ses désirs, c'est-à-dire ses parents ou ceux qui en ont la garde et doivent se faire obéir de lui. Ce sont eux qu'il va frapper et jeter à terre quand, en jouant, il va frapper et jeter au loin son cher nounours. À dix-huit mois ou à deux ans, l'enfant peut imaginer une situation parlée dans laquelle il va se décharger, sur un jouet ou un objet quelconque, d'une accumulation de sentiments qu'il serait incapable d'exprimer pour son propre compte. L'imaginaire de l'enfant est tel que tout peut devenir « autre chose » à qui il attribue ses propres sentiments : un bâton peut devenir un enfant qui marche, une auto peut être punie, mise au garage, etc.

À deux ans, l'enfant qui n'est pas scolarisé joue le plus souvent en solitaire et, s'il demande exceptionnellement votre participation, gardez-vous bien d'avoir des idées morales sur ce qu'il a imaginé ; vous êtes en ce moment un compagnon de jeu et non un parent...

Dès l'âge de deux ans et demi, votre enfant va en rejoindre d'autres à la maternelle. Les garçons s'en désolent bruyamment parfois les premiers jours, mais les filles exultent. Quelle joie de trouver enfin des pareilles à soi ! Quelle joie de pouvoir *faire* de nouvelles choses avec une nouvelle maîtresse ! Enfin, la relation écrasante à la mère cesse et la petite fille se montre pleine d'entrain. Celui qui pleure son passé ce jour-là, c'est le petit garçon, plus rarement la petite fille !

Cependant la poupée ou le poupon peuvent garder encore longtemps une place dans la vie de la fillette en tant qu'alter ego, qui « partage les difficultés » de l'enfant [1]. Rentrant de l'école votre petite fille ne se précipite-t-elle pas pour refaire la classe à ses poupées ? Elle prend bien sûr le rôle de la maîtresse qui est devenue une nouvelle image identificatoire féminine. Par tous les moyens, cette petite fille cherche à copier la femme, et se plaît à s'imaginer dans un rôle de femme adulte. Le garçon, ayant eu moins de problèmes identificatoires (à cet âge il navigue toujours dans l'Œdipe avec sa mère), n'a pas autant besoin de faire semblant d'être ce qu'il n'est pas. C'est l'affaire de la fille d'aborder le féminin par le rôle de femme ; lui, le garçon, il sait qu'il est un garçon, que c'est bien ainsi et il *le sait depuis le début* avec la mère.

La fille joue avec ses copines et parle beaucoup de sa maman qui a dit ça, qui a fait ça : on dirait qu'elle doit se réclamer de quelqu'un. Peu à peu elle prend comme norme la maîtresse et elle joue à faire la classe. La fille

1. Une de mes patientes très malmenée par sa mère ajoute comme preuve à l'appui du manque d'amour maternel : « Et elle ne m'a même pas donné une poupée, je n'ai jamais eu de poupée ! »

aborde toute chose par le « si on était ». Elle essaye toutes les identités, son corps toujours plat et fluet continue de ne la désigner comme rien de sexué, et parfois elle se demande si elle a ou non quelque chose d'une femme sur elle. Elle est la première à déclencher le jeu des amoureux ou le jeu du docteur qui lui permettent quelques incursions du côté des autres filles ou des garçons, et elle est tout étonnée de ce qu'elle voit. Mais sa mère ne doit pas être au courant. Elle ne lui en parlera pas.

Les difficultés avec la mère vont s'estompant, à mesure que la petite fille s'attache à l'école et à l'extérieur, elle a changé de monde, ce n'est plus la compétition avec la mère qui l'occupe, mais sa place parmi les « filles ». Les problèmes avec la mère sont « refoulés » au bénéfice des relations avec la maîtresse et les copines. La relation à la mère paraît changer de couleur et maman devient *temporairement* la confidente élective de ce qui se passe à l'école. Cette période de calme relatif porte le nom de période de *latence*. Elle va de quatre à dix ou onze ans et se caractérise par le refoulement des conflits avec la mère, accompagné d'une raréfaction de la masturbation solitaire : à cette époque la petite fille est tout occupée à devenir une personne sociale et délaisse les problèmes plus intimes.

Et puis il y a chez la fille cette passion du « savoir » et de l'école où elle peut enfin donner la mesure de son véritable désir, loin de celui de sa mère. À moins que la mère ne continue, là aussi, de vouloir téléguider sa fille, il y a des chances pour que la petite fille « aime » vraiment l'école comme lieu de réalisation personnelle.

Toutes les maîtresses vous diront que ce sont les filles qui, en primaire, constituent le peloton de tête de la classe, les garçons paraissant au même âge beaucoup moins motivés pour apprendre et beaucoup moins curieux.

Des tests pratiqués sur des nouveau-nés donnent les mêmes résultats pour les deux sexes. Mais l'écart d'éveil entre l'un et l'autre paraît commencer dès la première année, la fille étant propre et indépendante plus vite que le garçon, la fille parlant plus tôt que le garçon, la fille cherchant à aider sa mère ou à s'occuper du petit frère dès l'âge de deux ans. Nous l'avons déjà vu, l'activité des petites filles est très grande : inquiète de ne pas *être* une femme avec un corps sexué, la petite fille fait tout pour avoir l'air d'en être une, ce qui est pour elle un véritable accélérateur intérieur.

C'est de ce puissant désir de vouloir « être comme » que va découler l'étonnante facilité de la fille à intégrer le dire de la maîtresse. Dans ce dire, elle découvre une tout autre façon de juger le monde que celle de sa mère : la façon mathématique, la façon écrite et littéraire... La petite fille apprend en classe qu'elle a une longue histoire racontée dans tous les livres de lecture... Que l'héroïne s'appelle Sophie, Marianne ou Cécile, elle est *aussi* une petite fille.

La classe est considérée par la fille comme un nouveau *faire* valorisant, et sa réussite scolaire, qui tient à la richesse de son imaginaire, est un des premiers atouts de sa vie. « Oh ! elle travaille bien à l'école » est le premier satisfecit qu'elle considère comme lui appartenant, puisque la classe, maman n'y est pas...

Cette précocité et cette curiosité, plus grandes chez la fille que chez le garçon, vont lui demeurer jusqu'à l'adolescence où les signes évidents de féminité de son corps vont lui prouver qu'elle est bien une *femme*. À partir de là, une partie de ses énergies va investir ce corps devenu désirable et tant regardé par son copain de classe. Elle perdra bien des heures à se regarder dans la glace, à se demander si un tel la trouve jolie, l'aime, etc. Elle est enfin redescendue sur terre, et va délaisser les rêves pour la réalité : elle est femme et veut séduire l'autre, qui n'est cette fois ni le père ni la mère mais un garçon dans sa classe. Tous les enseignants et chercheurs sont là pour constater les performances des filles par rapport aux garçons exclusivement dans le jeune âge puisque interrompues au moment de l'adolescence.

Le Pr Jean Guichard déclare : « Toutes les études le montrent : les filles obtiennent de meilleurs résultats dès le cours préparatoire. Elles redoublent moins fréquemment que les garçons et confirment leur avance au collège. »

Mais il faut noter qu'au Bac on les retrouve à peu près à égalité avec les garçons et qu'elles sont pour la plupart dans des sections littéraires, ce qui se confirme à la faculté. Les filles règnent sur les lettres et les sciences humaines comme si continuait de les intéresser de manière privilégiée l'histoire humaine : leur histoire en somme.

Bien que vivant apparemment dans les mêmes conditions familiales, filles et garçons se trouvent pris dans un contexte tel que leurs différences ne peuvent que s'accroître au cours de la vie. Et le manque d'Œdipe précoce entre la fille et le père ne peut que tourner en difficulté d'identification féminine pour elle, la poussant vers un comportement plus ou moins séducteur par crainte de passer inaperçue auprès de l'homme.

On n'ose presque pas le dire mais les féministes l'ont cruellement relevé : c'est toujours l'entourage de l'enfant qui accentue la différence entre fille et garçon. Alors qu'on attache de plus en plus d'importance à l'égalité des droits et des salaires entre hommes et femmes, on continue à inscrire l'inégalité au plus profond d'eux-mêmes dans leur famille. En effet, de zéro à cinq ans ils ont la même mère qui, ne voyant pas du tout sa fille et son garçon de la même façon, se trouve chargée des deux !

Nous venons de voir comment la petite fille, dans ses premières années, perçoit et, le plus souvent, refuse le projet féminin maternel avec, pour seul antidote à son conflit avec la mère, l'amour – éventuellement – donné par le père. Puis, comment, pendant la période de latence, ce conflit se trouve refoulé, grâce à une situation d'égalité sexuelle avec les autres filles.

Cette période de paix relative entre fille et mère va brusquement céder sous la pression des hormones de l'adolescence qui transforment la petite fille en femme. Alors se pose à nouveau dans son intégralité première la question d'être ou non une femme *comme* la mère... N'anticipons pas, car nous allons pouvoir mesurer à sa juste valeur le poids des fantasmes maternels dans l'existence d'une femme élevée par cette seule mère...

Chapitre 3

Adolescence

Si la petite fille a été comme il fallait « être » pour ne pas déplaire à sa mère et ne pas risquer de la perdre, le fait de voir poindre sur elle les mêmes atouts sexuels que ceux de la mère pose à nouveau dans son intégralité le problème de se conformer ou non au désir de l'autre. La question marque même une gradation : « Est-ce que ma mère va " aussi " régenter mon adolescence ? »

Si la petite fille a été réduite à être la « poupée » de sa maman, pour avoir quelque chose de « satisfaisant » aux yeux de celle-ci et être acceptée d'elle, maintenant que le corps commence à porter des signes visibles et reconnaissables par tous, est-ce encore nécessaire de rechercher l'approbation maternelle ? Est-il besoin d'être reconnue femme par la mère, quand tout le monde s'accorde à dire que Françoise a beaucoup « changé » depuis quelque temps ?

La réponse de l'adolescente est *non*, ce n'est plus nécessaire : « Je n'ai plus besoin d'obéir, ni de correspondance à l'idée que maman peut se faire de moi. » L'opposition jusque-là avait pris des chemins détournés. Elle va maintenant se manifester clairement envers la mère qui en sera la première étonnée et peinée car le plus souvent, abusée par la période de latence, elle n'a pas vu l'orage s'accumuler au-dessus de sa tête...

Ainsi la mère voit se dresser devant elle une petite furie qui répond vertement, s'oppose à toute suggestion maternelle, en un mot n'en fait qu'à sa tête et fuit la maison le plus souvent possible au bénéfice des « copains »...

Je ne serai pas « comme » Elle

Il est bien fini le temps où la petite fille vivait dans les jupons de sa maman ! Il était plus facile autrefois de croire au leurre de la fille soumise que de reconnaître aujourd'hui cette adolescente grincheuse... Et la mère se prend à regretter le passé qui ne reviendra plus... En fait, après le recours à la mère lors des premières règles, l'adolescente va changer de cap très rapidement et « se fermer » complètement à cette mère, comme pour lui dire : « Mon enfance a été *ton* affaire, mais ma vie de femme sexuée sera *la mienne.* »

Ceci se préparait depuis un certain temps. La fille de huit ou neuf ans vivait déjà plus avec ses copines qu'avec sa mère et se montrait plus intéressée par la réussite scolaire que par la vie à la maison. La période de latence lui avait permis d'écarter progressivement les problèmes de similitude avec sa mère au bénéfice des similitudes avec les filles de son âge, sous la houlette d'une maîtresse qui se présente plutôt comme modèle de femme intelligente que comme rivale physique.

La fille de dix ou onze ans est une fille qui a une certaine indépendance personnelle. Elle vit essentiellement entre le sport, l'art et l'école, sans compter les camps de vacances où, loin des siens, elle peut se dégager des contraintes et habitudes de sa famille en général et de sa mère en particulier.

Lorsque le premier signal de la puberté se fait jour, sous forme d'une croissance accélérée, l'adolescente est d'abord un peu surprise, puis tout heureuse de se comparer à ses camarades pour ce qui est du corps et de ses atouts nouveaux.

Ce qui est important, c'est que si elle envisage avec joie le changement pubertaire qui la maintient dans la comparaison rassurante avec ses pareilles, en revanche elle s'inquiète de voir ce corps, avec lequel elle a vécu dix ans loin de la mère, prendre la forme de *celle-là même* qu'elle avait écartée comme « mauvaise » puisque ne lui ayant pas donné d'emblée ce qui l'aurait faite « femme ». Que va-t-elle faire de ce rapprochement dangereux avec une mère qui paraît n'attendre que cela pour renouer avec sa fille ?

De plus, ce changement est *imposé* du dehors par les hormones. C'est une évolution inévitable à laquelle on ne peut s'opposer (sauf en devenant anorexique et en refusant ainsi au corps de se développer normalement).

La fille veut devenir une « femme » comme ses amies, mais surtout pas une femme comme sa mère, car il y a longtemps qu'elle a renoncé à l'identité de corps avec cette femme-là.

L'adolescence est le plus souvent le moment de rapprochement avec les filles du même âge et l'éloignement d'avec la mère qui n'a ni le même âge ni le même corps.

Et d'ailleurs, curieusement, à ce tournant identificatoire de la puberté, il arrive que la fille adopte comme mère-substitut la mère d'une de ses amies, la mère de sa cousine, bref, une femme ! Mais qui ne soit pas celle avec qui elle a souffert de comparaison dans l'enfance. Elle montre bien par là qu'elle ne refuse pas la femme qui pointe en elle, mais celle qui pourrait *ressembler* à la mère.

Cela peut être terrible pour une mère, mais il faut qu'elle sache que cela peut arriver, que c'est le chemin de la fille à l'adolescence. La mère ne doit pas oublier que, sans le vouloir, en gardant l'éducation de sa fille pour elle toute seule, elle a multiplié par dix le ressentiment de l'enfant qui souffrait d'infériorité avec elle, alors qu'avec son père elle aurait, au contraire, apprécié sa différence. Les femmes doivent comprendre ce principe éducatif fondamental : l'enfant a besoin d'un repère de même sexe auquel se comparer, et d'un repère de sexe différent ou œdipien avec lequel ressentir sa différence.

L'infériorité, la mère n'y a pas pensé ; elle a cru qu'avec des explications, elle ferait vivre l'enfant au futur. Mais l'enfant a besoin de présent et c'est ce qui arrive enfin à la puberté : le présent envahit le corps, comme différence visible et appréciable par l'homme. Ce que la mère n'a pas pu donner à l'enfant de trois ans arrive enfin, mais ce n'est pas à la mère que la fille le doit.

L'adolescente a envie d'utiliser ses nouveaux atouts sans en référer à sa mère : la fille de quatorze, quinze ans devient provocante, dragueuse, aguichante : elle veut tester le pouvoir de ce nouveau corps. Elle cherche à l'apprivoiser parce que son inconscient a intégré un autre corps plat et rose et ne sait que faire de celui-ci qui est dessiné, mamelonné, délié. La fille a raison, c'est bien en mesurant ses chances de séduire l'autre qu'elle fera de ce nouvel arrivant un allié. Elle ne séduit pas pour « prendre » ou pour « garder » l'autre ; juste pour l'émouvoir. Elle ne saurait que faire de l'amour à cet âge, à moins que ce ne soit une parodie d'amour, une revendication vis-à-vis des adultes... Les mœurs des adolescents ont quelque chose d'impudique : ils veulent montrer qu'ils ont AUSSI un corps.

La fille, aujourd'hui, montre qu'en effet elle peut séduire, mais avec d'autres moyens.

Finalement, la seule avec qui elle peut parler de tout cela, c'est une fille du même âge qui traverse la même métamorphose qu'elle. Vous ne devez donc pas vous irriter de voir votre fille découcher pour aller se réfugier dans la chambre ou même le lit de sa meilleure amie avec qui elle parlera longuement dans la nuit... De sa mère... D'elle... Des garçons...

C'est, en même temps, le début de la véritable amitié entre filles. Avec la mère, le rapport était trop inégal pour que la fillette se sente « la même » ! Maintenant, avec une autre adolescente, les corps pourront être exhibés, comparés, caressés ; il peut y avoir une période de relations physiques extrêmement tendres et sensuelles sans véritable relation sexuelle. C'est une mise en confiance avec le corps de l'AUTRE qui n'a pas pu se réaliser avec la mère. C'est le début de l'homosensualité latente entre femmes.

Le besoin d'amitié est intense à cet âge. Souvent, bandes de filles et bandes de garçons se fréquentent, mais c'est toujours en bande, chacun s'appuyant sur son propre groupe sexuel. S'il y a quelque aparté, c'est toujours avec l'assentiment plus ou moins officiel du groupe qui a ainsi pris le relais de la loi familiale.

L'adolescence est le moment où l'enfant refusant la loi parentale s'invente d'autres lois, qui n'ont comme caractéristiques que d'être différentes de celles des adultes, ce qui mène parfois à la délinquance, au vol ou à la drogue, perçus comme lois antisociales donc antiparentales.

Curieusement, à l'adolescence les jeunes se recréent des sortes de famille où ils peuvent faire à la fois de l'homosensualité et de l'hétérosensualité, sentimentales le plus souvent. Ils recréent somme toute ce qu'ils n'ont pas eu du temps de l'enfance avec la seule mère. La fille se trouve dans une position particulière par rapport au garçon : elle attend de lui qu'il la narcissise par ses paroles (je rappelle que lui n'a pas ce besoin : il a été installé dans le narcissisme par sa mère, alors que la fille ne l'a pas été par son père). Ce que dit alors un garçon est toujours très important pour la fille.

La première revanche que prend la fille sur sa mère a lieu quand elle « sort » avec un garçon. D'ailleurs, écoutez bien ce mot qu'emploient nos jeunes pour qualifier le flirt : ils « sortent ensemble », ce qui veut dire qu'ils sortent d'une structure (sans doute familiale) pour entrer dans une autre (privative). Avec son premier flirt, la fille « sort » de sa relation avec sa mère. Elle peut l'annoncer comme quelque chose de normal et d'attendu ou elle peut le taire et en faire son jardin secret ; elle prend silencieusement une vengeance tardive contre la mère, ou elle peut agresser celle-ci par une tonitruante déclaration de victoire : « D'abord, je sors avec Jean-Luc ! »

Le comportement de la fille à ce moment-là va dépendre de la relation plus ou moins confiante qui existe entre les deux femmes.

La relation mère-fille à cet âge est presque toujours conflictuelle car la fille, alors, a des atouts nouveaux à jeter dans une bagarre ancienne et le plus souvent dépassée, mais qui a laissé des relents d'agressivité inconsciente chez l'une et l'autre femme. C'est le moment de la vie où l'on voit clairement que la rivalité gêne la relation et que cette rivalité n'est pas « oubliée » chez la fille. Les arguments contre la mère du genre « de toute façon tu n'es pas dans le coup » ou « tu grossis ce n'est pas beau » ou « tu t'es pas regardée dans une glace » pleuvent. Ce type d'arguments situe bien le lieu du conflit. Autrefois, la mère s'est servie du *corps* de sa fille pour réaliser son désir, son rêve identificatoire ; aujourd'hui, la fille s'en prend au *corps* de sa mère et lui montre que, désormais, avec son nouveau *corps,* elle la dépasse.

Ce conflit peut durer ou être temporaire selon les ressentiments profonds de l'adolescente envers une mère plus ou moins possessive dans la première enfance. Dans la plupart des cas, la rébellion durera quelques mois ou quelques années et fera place à un nouveau rapport d'égalité, dès que la fille pourra annoncer qu'elle est devenue « aussi » objet d'amour pour Pierre ou Paul. Mère et fille se trouveront enfin dans des situations comparables et ce pour la première fois, la grossesse restant le grand tournant qui permettra la réconciliation mère-fille.

Mais dans certains cas, l'adolescence sera vécue comme opposition définitive à des parents qui ont été ou sont trop exigeants et la distance prise à ce moment-là deviendra peu à peu un abîme entre les deux femmes. Certains événements exceptionnels pourront donner l'illusion d'un rapprochement, mais celui-ci ne sera jamais qu'une pause en attendant le prochain accrochage. Que de filles quittent précipitamment et à la première occasion le toit sous lequel elles étouffent ! Combien de femmes ont reconnu chez moi s'être mariées avec le premier venu pour « partir » et fuir leur mère !... Ce sont des femmes dont la révolte pubertaire se poursuit indéfiniment et qui vont de révolte en révolte, de divorce en divorce. Elles estiment toujours que l'Autre est responsable de leurs malheurs et beaucoup finissent sur le divan de l'analyste où elles découvrent enfin que ce qui a téléguidé toute leur vie est la relation négative à leur mère...

Freud avait raison de dire que l'homme, croyant hériter de la relation au père, hérite le plus souvent du ressentiment vis-à-vis de la mère !

L'adolescence est ainsi un point de repère essentiel sur le chemin qui sépare la petite fille de la femme. C'est le moment où l'on voit apparaître tout ce qui a été refoulé dans l'enfance et qui le redeviendra après la crise d'opposition.

Il est normal que la fille de douze ou treize ans ait des difficultés à affronter une mère à qui elle a toujours dû obéir. Il est normal qu'elle le fasse et qu'elle le manifeste, sans que sa mère s'en formalise outre mesure... L'agressivité d'une adolescente ne doit pas inquiéter la mère. C'est même tout le contraire qui doit lui poser problème : si une fille de onze ou douze ans n'a pas d'autre amie que sa mère et continue de « tout » lui dire, cette attitude signifie que la jeune fille craint de quitter sa mère et refuse de s'assumer en tant qu'individu.

Aucune mère ne devrait se réjouir que sa fille la garde comme confidente au-delà de la puberté. Un cas très grave est représenté par l'état de symbiose prolongée que l'on trouve entre elles au cours de l'anorexie de la jeune fille : cette fille-là refuse (au contraire des autres) de changer d'âge pour ne pas risquer de « perdre » une maman qui, de façon évidente, vit au travers de sa fille et n'a d'autre souci que la vie de sa fille... Dans l'anorexie, la mère est partie prenante du système – qu'on peut comparer à celui des vases communicants – et la guérison de la fille risque d'entraîner la dépression de la mère...

L'anorexie de la jeune fille

Pour parler plus amplement de ce symptôme si mystérieux et qui ne cesse de prendre de l'ampleur, on peut dire que l'anorexique a pris un chemin tout à fait particulier pour manifester son opposition à ses parents, c'est-à-dire que la contestation habituelle de l'adolescente (certaines anorexiques ont déjà été des bébés difficiles, mais d'autres se révèlent brutalement à la puberté) ne lui suffit pas et qu'elle menace directement ses parents de mourir si rien ne change.

Elle ne peut plus supporter sa relation avec ses proches qui est souvent une relation de chantage :

« Nous ne sommes heureux que si tu es heureuse. » On a souvent « tout fait » pour cette fille-là, ce qui explique accessoirement la fréquence de ce symptôme dans les milieux aisés où les parents ont tendance à « en faire plus » pour leurs enfants.

L'anorexique elle-même cherche à comprendre les raisons de son comportement. Pourquoi est-elle affolée à l'idée de grossir ? Pourquoi n'accepte-t-elle d'être vue que si son corps ressemble à un bâton mal fagoté ? Mais elle ne peut ni trouver ni formuler la réponse – même si elle parvient à se poser les questions de manière aussi explicite –, parce que celle-ci est du domaine de l'inconscient et n'apparaîtra que si la fille accepte de réfléchir sur elle-même : « Je ne veux pas et je ne peux pas devenir la femme qu'ils attendent et dont ils ont besoin pour se justifier en tant que bons parents. Je ne peux être que celle qui leur fait honte et les dénonce comme « mauvais parents ». Je ne veux qu'un corps d'enfant car je ne peux être une femme que s'ils ne le voient pas. »

Curieusement, sur le plan du réel, cette enfant est souvent très soumise, obéissante et gentille avec ses parents ; seul son inconscient est cruel jusqu'à accepter de mourir plutôt que de leur faire plaisir avec quelques kilos de plus.

À la question : « Pourquoi as-tu peur de grossir », l'anorexique répond invariablement : « Parce que, au-dessus de quarante-deux kilos, je ne me sens pas bien. » Et si on pousse l'entretien plus loin, on aboutit inéluctablement à la réponse : « Je voudrais qu'on ne me voie pas, je voudrais être transparente, c'est-à-dire être là sans qu'on me voie. » Elle n'ose pas ajouter : « Sans qu'on me désire. » Que lui a donc fait « le regard », pour qu'elle ne puisse plus le supporter ? C'est qu'elle a lu dans celui de sa mère et parfois aussi de son père à quel point sa vie les concernait et à quel point elle « était tout » pour eux. Cette même conjoncture rend le garçon « anorexique » sur le plan scolaire et la fille anorexique sur le plan du corps. Mais chaque enfant, devenu « objet » unique de ses parents, signale à sa manière son inconfort et son refus d'avancer si sa liberté ne lui est pas restituée.

À force de ne rien manger, l'anorexique finit par demeurer, en effet, à un poids qui la rend presque invisible : ses bras sont comme des ficelles, son corps reste celui, plat et sans formes, d'une enfant, et elle camoufle tout cela sous des vêtements larges et flous, remarquablement non sexués qui désespèrent tous ceux qui l'approchent. Ils la « souhaiteraient » tellement autre...

Pendant qu'elle néglige et maltraite son corps resté celui d'une enfant, toute sa libido (énergie à vivre) se ramasse dans sa tête. Elle devient furieusement intelligente, elle est de loin la meilleure de la classe, mais elle se sent désespérément seule dans un combat que nul n'a l'air de comprendre... Sauf peut-être quelque psychanalyste, qu'elle vient voir en cachette des siens, et à qui elle révèle rapidement qu'elle est coincée entre *son désir* de vivre et le *leur*... Elle sera sauvée quand elle comprendra l'étroitesse de sa liberté et que sa mort même ne lui appartiendrait pas puisqu'elle ne l'aurait choisie qu'à cause d'*eux*... Le thérapeute, avec son absence de désir quant à sa guérison, est le premier qui lui permettra d'avancer en terrain découvert et de récupérer peu à peu les lambeaux de sa jeunesse sacrifiée au désir parental.

On peut conclure que le meilleur parent n'est pas celui qui attend ceci ou cela, mais celui qui vit lui-même ses propres désirs et n'a pas besoin de passer obligatoirement par son enfant. Sans parler des cas d'anorexie, nous pouvons tous citer de nombreux exemples de fillettes qui abordent la puberté avec une liberté déjà très entamée et le sentiment de ne pas pouvoir « échapper » à la malédiction d'être comme la mère le veut... Combien de fillettes vont « subir » cette puberté plutôt que de s'en réjouir ? Ce sont toutes celles qui, trop soumises à la mère, vivent ce moment comme passage obligé, « honteux », et non comme prise de possession de leur propre identité. Cette façon de subir ira des premières règles au dernier coït ! On peut dire que l'adolescente était en germe dans l'enfance et que, trop souvent, cette enfance a été employée à remplir les souhaits maternels...

On peut dire aussi que la génération des enfants élevés dans les privations de la guerre a donné une génération de parents particulièrement attentifs à prévenir le moindre désir de leurs enfants et plus soucieux que de raison de leur bien-être.

Il est bien possible que le désir de compenser, par procuration, une enfance difficile en 1940 ait abouti à ces parents trop soucieux de leur progéniture en 1970. À cela s'ajoute la crise de 68 avec sa contestation du pouvoir et de l'autorité.

Nous traînons encore bien des reliquats de cette étrange génération où les enfants n'ont jamais été bien sûrs d'avoir de vrais parents... mais plutôt de vieux enfants qui avaient souffert quand ils étaient petits et demandaient au moins d'avoir maintenant des enfants beaux et gentils pour se consoler.

Le problème de la violence chez l'adolescent est souvent le fruit d'une opposition impossible vis-à-vis de parents prêts à toutes concessions pour éviter le conflit direct avec leurs enfants. C'est tout petit que le bébé a ressenti que ses parents *feraient tout pour éviter l'agressivité* de la part de l'enfant et ce n'est qu'à l'adolescence parfois que cette agressivité si longtemps refoulée trouve un chemin extra-familial (qui désole quand même les parents).

L'adolescence est d'ailleurs devenue non plus un passage mais une classe d'âge à cause de la longueur des études, c'est pourquoi les premières expériences sexuelles auront lieu pendant l'adolescence. Chacun souhaitera qu'elles se passent dans les meilleures conditions possible, c'est-à-dire, pourquoi pas, chez papa et maman et dans la propre chambre de l'adolescent.

La sexualité de l'adolescente

Actuellement les adolescents font l'amour sans encourir ni blâme ni mépris, ce qui donne à la sexualité sa vraie place de jouissance propre à tous les humains et pas seulement réservée au couple officiel...

La sexualité à cet âge doit être considérée comme une fonction nouvelle et non comme un engagement définitif entre deux êtres. Mais cela ne suffit pas toujours pour que les adolescents éprouvent une grande liberté dans leurs premiers échanges. Leur inconscient est encore souvent celui d'un enfant, et nous nous souvenons du peu de prix que la mère avait attaché à la sexualité de sa fille.

Les filles paraissent moins libérées que les garçons au cours de ces premières rencontres.

Car dans l'ensemble elles ont du mal, après une enfance angélique ou souhaitée telle par les adultes, à accepter les signes de sexualité sur leur corps, mais elles ont encore plus de mal à se servir de cette sexualité, dont parfois elles n'ont jamais parlé [1] avec personne. Leur masturbation, seule manifestation de leur sexualité, étant restée en général secrète et honteuse, comment passer à la sexualité partagée avec un garçon, sans en avoir une sorte de honte ?

Cette honte ne sera vaincue que si l'affectif, à ce moment-là, prend le pas sur le sensuel. L'adolescente a l'impression de se « donner » à un homme pour la première fois, il est indispensable qu'elle le désire au plus haut point. La fille fait l'amour dans un contexte beaucoup plus affectif que le garçon du même âge, simplement parce que l'affectif est tout ce qu'on a appris à cette ancienne petite fille « sage ».

C'est aujourd'hui une Belle-au-Bois-dormant (au sexe endormi) que le garçon a dans son lit. Ce corps, tenu au silence par une femme (la mère), se réveille tout doucement dans les bras d'un homme. Pourvu que l'élu soit tendre et charmant ! Et puis, non seulement elle lui laisse tout pouvoir, mais elle sait qu'il va lui faire un peu mal lors de cette première pénétration, aussi est-elle un peu inquiète. Mais ils sont jeunes, pressés d'aller à la découverte, la grande découverte d'être l'un à l'autre, l'un dans l'autre et c'est ce qui va les aider à vaincre la peur d'avoir ou de faire mal. Quant à

1. 50 % des adolescents n'ont *jamais* parlé de sexualité avec leurs parents.

la jouissance, ce n'est peut-être pas aujourd'hui qu'ils la découvriront, mais ils auront déjà fait les premiers pas vers elle.

Que le garçon, l'affaire conclue, ne se rhabille pas trop vite ! Ce sont les mots sur son corps qui lui ont manqué, c'est maintenant qu'elle les attend ! Lui n'a rien à dire, pas de mots pour dire... Il est gêné lorsqu'elle lui demande : « Est-ce que tu m'aimes ? » Il ne sait pas, pas encore, mais il devine chez elle quelque chose qui n'est pas comblé par le sexe...

Cette insatisfaction affective féminine va se retrouver tout au long de la vie du couple. L'insécurité de la fille par rapport à son corps s'est installée en elle lors de ses premières années (passées sans contact direct avec le corps du père) de manière indélébile. Dès qu'elle rencontre un homme, elle lui pose la brûlante question œdipienne « Pourquoi m'aimes-tu ? ». Hélas la réponse ne sera jamais adéquate puisque l'homme ne pourra jamais répondre de la place du père : « Parce que tu es *ma* fille. » La femme continuera à poser des questions sur ses yeux, son nez, sa bouche, ses jambes, etc., c'est-à-dire toujours à côté du vrai problème, qui est là-bas, loin derrière, accroché à ce qui n'a pas eu lieu avec le père... Ce n'est pas une règle absolue, mais vu l'attente physique et psychique qu'elle en avait, comparé à ses rêves, l'acte sexuel lui paraîtra bien pâle. Il faut dire à sa décharge que la jeunesse et l'inexpérimentation des deux partenaires rendent la chose parfois cruellement réaliste et quelque peu besogneuse. Cette égalité dans l'inexpérience chez le garçon et chez la fille présente cependant un avantage : en effet, elle empêche que l'un ou l'autre ne s'installe dans un rôle de dominant ou de dominé (ce qui avait presque toujours lieu à la génération précédente, quand le garçon plus âgé avait déjà une expérience que n'avait pas sa partenaire) car chacun en retire l'impression qu'il a quelque chose à apprendre à propos du désir de l'autre, non comparable au sien. Si le rêve s'est effiloché au cours de cette rencontre souvent peu romantique, au moins les adolescents en tirent-ils la conclusion que l'amour n'est donné à personne et que chacun doit l'apprendre.

Cette première rencontre est l'occasion pour les jeunes de comprendre que l'amour n'est pas seulement une affaire de corps et de désir, mais aussi de mots et de sentiments personnels à chacun. La liberté d'exprimer son désir est au moins aussi importante en amour que le désir lui-même.

Donc le rapport sexuel précoce est une bonne chose, même s'il est vu décevant pour la fille. En effet la tendance habituelle de la fille à « rêver » ce qu'elle n'a pas, ne peut que la mener sur des chemins dangereux : illusions concernant la vie amoureuse, et échecs dus à la distance à ce qu'elle imaginait et ce qu'elle trouve. Au moins en faisant l'expérience de la réalité dès son adolescence, elle évitera de faire partie de ces femmes qui toute leur vie rêvent d'un homme idéal et d'un amour parfait.

Cette réalité va faire particulièrement irruption dans la vie amoureuse au moment de l'utilisation du préservatif, devenu très générale entre adolescents depuis la découverte du sida.

Chacun des deux partenaires est bien obligé de descendre de son nuage et de considérer l'amour physique comme un jeu sexuel à risques faisant partie d'une relation plus large entre deux personnes.

Cependant cette première union sexuelle n'est pas prise à la légère comme on pourrait le croire car elle est le lieu et l'aboutissement d'un long cheminement intérieur qui part de la sexualité de l'enfant, passe par la période de latence, et vient ici se réaliser enfin ! On se souvient toute la vie de cette rencontre même si ce jour-là il ne s'agissait que d'un jeu... On ne peut chez l'humain séparer le corps de la tête, c'est bien ce qui va compliquer tous nos rapports sexuels !

Il est à noter que ces rapports entre adolescents ne laisseront pas une marque psychique indélébile même s'ils se passent mal, car à cet âge l'humain n'en est plus au stade où tout s'inscrit dans la chambre secrète du refoulement inconscient. Cette expérience deviendra un souvenir plus ou moins bon, plus ou moins mauvais, mais ne modifiera en rien la structure intérieure du sujet qui s'est déterminée bien avant, entre zéro et cinq ans. En revanche, si le rapport est un rapport incestueux, il est vécu comme quelque chose d'*interdit* extrêmement culpabilisant et inoubliable consciemment pendant des années. Voilà quelque chose que les frères, les pères, les oncles, les grands-pères ne devraient jamais ignorer.

Si ces rapports se passent *bien*, ils peuvent parfois déboucher sur un échange plus total avec naissance d'un véritable amour.

Mais le plus souvent l'immaturité affective des adolescents et leur fixation à leurs parents (en négatif comme en positif) occupent la plus grande part de leur capacité d'attachement, les rendant peu disponibles pour un autre lien. Dans certains cas toutefois, ce nouveau lien représente une réaction affective élevée contre des parents névrotiquement peu aimés et le premier amour peut apparaître comme « salvateur » pour l'adolescent qui risque de s'y engager avec toute sa libido. Ces amours sont en général fortement névrotiques, mais il faut savoir que les plus grandes amours sont à base de névrose... On ne s'étonnera pas qu'elles soient particulièrement menacées dans la durée : quand on s'assied au-dessus d'un volcan, on s'expose aux fumerolles.

En conclusion cette adolescence n'est plus un simple état temporaire de rébellion contre les parents. Et ne peut plus être appelée comme autrefois un « passage ». D'une part, elle débute de plus en plus tôt, la puberté étant de plus en plus précoce (phénomène physiologique d'évolution de la race). D'autre part, elle dure de plus en plus longtemps du fait de la prolongation de l'aide parentale (études, élévation du niveau de vie, difficulté de trouver un emploi). Cette période va s'étendre sur 10 ou 12 ans, c'est-à-dire un laps de temps assez long, au cours duquel, entre autres événements importants, filles et garçons sortent de la période de latence pour entrer dans la vie sexuelle, établissant ainsi le lien avec l'enfance.

C'est dans cette même période que les problèmes inconscients seront confrontés à la lumière du conscient et qu'une prise de position définitive par rapport aux parents sera prise. La fillette, comme nous l'avons vu, va devenir capable de « résister » à la mère et de reporter ses énergies ailleurs. Elle se sera posé la question essentielle : « Est-ce que je suis contente d'être une femme ? » et y aura répondu, soit par le désir de séduction, soit par le désir d'être invisible et non désirable comme l'anorexique.

Il est nécessaire que les parents acceptent à ce moment-là les fluctuations de comportement de l'enfant, car il ne s'agit de rien moins que d'adapter son choix de vie à sa névrose personnelle.

Tout analyste est persuadé que l'art de vivre bien n'est jamais que l'art de cohabiter avec son inconscient... et avec sa névrose.

Chapitre 4

Amour

Prendre la plume et écrire ce petit mot-là, c'est déjà une gageure car le mot Amour commence par un A et nous fait croire à un commencement, alors qu'il n'est jamais que la suite de nos amours d'enfant... Marqué de la même couleur, des mêmes attentes, des mêmes rêves...

L'amour adulte n'est pas une situation nouvelle pour l'individu qui le rencontre, contrairement à ce que l'on peut croire. En effet, chacun des deux partenaires a connu une longue route amoureuse avant d'arriver au moment où il croit rencontrer celui qu'il attendait depuis toujours.

Bien avant ce jour, chacun de nous a connu depuis sa naissance toute la palette des sentiments amoureux : d'abord, de zéro à huit mois, l'état de symbiose parfaite faisant suite à celle connue dans l'utérus : tout ce qui est vécu par la mère est alors partagé avec l'enfant, à leur insu à tous deux, elle est angoissée, il n'est pas bien, elle est détendue, il s'endort, à trois mois elle lui sourit, il fait de même, elle gronde, il se met à pleurer. Dès huit mois, nous connaissons tout du partage des émotions amoureuses... Puis, à partir de la reconnaissance du visage de la mère par les yeux, l'enfant commence à souffrir de « séparation », dès qu'elle quitte le champ de sa vue, de son odorat ou de ses perceptions spatiales : certains bébés qui se sont endormis auprès de leur mère ou de leur père, ne se réveillent-ils pas brusquement parce que le parent est en train de s'esquiver et n'a pas encore atteint la porte ? Ne sommes-nous pas déjà très sensibles à l'absence de l'autre ?

Pour faire revenir le parent absent, le bébé est capable de crier jusqu'au désespoir, capable d'appeler, capable de parler. L'enfant a donc vécu avec ses parents tout ce qui caractérise l'état amoureux de l'adulte : la symbiose de départ, la douleur de la séparation, les mots et les cris qui témoignent de l'impossibilité à vivre sans l'autre... L'ordinateur appelé « inconscient » a tout enregistré depuis le début et il se remettra en route au moindre signal... Ce qui veut dire que la rencontre amoureuse est déjà une « vieille » connaissance...

Place de l'inconscient en amour

Regardez deux amoureux qui s'embrassent : ne dirait-on pas qu'ils ont retrouvé le corps à corps fondamental et qu'ils ne vont plus pouvoir se séparer ? Ne sont-ils pas immobiles, comme figés physiquement pour une éternité, alors que leur esprit sait que cela va prendre fin ?

Ils n'ont pas plus besoin de paroles que dans les premiers jours de la vie, la chaleur du corps de l'autre se répand en chacun d'eux et apaise tout besoin : il leur suffit d'être « avec ». Pourvu que cela dure longtemps, longtemps ! Pendant que leurs souffles se mêlent, leurs inconscients (la partie d'eux-mêmes la plus archaïque, c'est-à-dire leurs souvenirs d'avant les mots) s'embrasent, leur faisant croire que ce moment est le même que celui d'autrefois, et qu'ils ont enfin trouvé celui, celle, qui peut leur rendre tout ce qu'ils ont perdu depuis si longtemps et qu'ils attendaient secrètement de retrouver un jour.

« Avant » et « avec », ces deux mots riment l'un avec l'autre dans notre inconscient : un bébé qui vit ses premiers jours « avec » un parent (quel qu'il soit) ignore la solitude et est en train de constituer, pour plus tard, son histoire « d'avant » sur le plan inconscient. Sans mots, sans paroles, sans véritable mémoire, la mémoire du corps enregistre que c'est bon. Par la suite, l'adulte n'a qu'un rêve : être « avec » comme « avant », c'est fondamental et caractéristique de l'être humain. Toute sa vie, il cherchera l'autre. Quel autre ? Peu importe, l'un vous dit qu'il vit avec une femme, l'autre avec un homme, l'autre encore avec un enfant, le quatrième avec un animal et si de tous ceux-là aucun ne convient, l'homme vivra avec un Dieu. L'homme est fait pour vivre « avec », c'est ce qu'il apprend durant sa longue vie de nourrisson où tout lui vient de l'Autre.

Ce qui pose problème c'est qu'« avant » se passait avec maman ou papa et qu'il y avait une connivence en quelque sorte naturelle entre l'enfant et le parent, alors qu'aujourd'hui on veut cette même connivence avec quelqu'un qu'on n'a jamais connu, jamais vu, qui n'est pas de la même famille ! L'amour a comme particularité de commencer par une douce illusion et de s'achever sur une cruelle évidence : *l'autre n'est pas nous.*

Les amours d'avant gêneraient-ils par comparaison les amours d'après ?

En effet nous sommes les seuls êtres vivants à disposer d'une mémoire aussi complexe, et d'un film précis datant de l'enfance mais il y a une différence évidente entre l'amour adulte et l'amour infantile : autant l'inconscient entre le parent et l'enfant était le même ou partagé, autant il est irréductible entre amoureux, puisque les ordinateurs inconscients des deux partenaires d'aujourd'hui n'ont pas enregistré le même film entre zéro et cinq ans. L'imagination seule nous fait croire que nous avons rencontré « le même » que celui que nous portions en rêve au fond de nous. Comme je l'ai déjà écrit ailleurs [1] : « Depuis le stade du Miroir (huit mois) où nous avons émergé de la symbiose avec la mère et découvert la solitude, chacun de nous attendait cet autre moment qui annulerait la dualité alors découverte, et rétablirait l'unité première. L'amour, c'est la tentative de repasser le Miroir avec quelqu'un d'autre, c'est annuler la différence, c'est renoncer à l'individu au nom de la symbiose... L'amour c'est le désir poussé à l'extrême d'une seule identité pour deux, c'est le passage en force du fantasme primitif d'unicité avec la Mère. »

Le moment de la rencontre amoureuse se caractérise par le sentiment très fort que l'être qui est devant nous est celui ou celle qui ressent la même chose que nous au même moment : un regard suffit parfois pour que nous ayons l'impression d'avoir été compris, de pouvoir nous retrouver dans l'autre. Dire « Je t'aime », c'est le plus souvent dire : « Je te reconnais comme mon miroir »,

1. *Les Enfants de Jocaste,* p. 126.

l'Autre dans l'amour devient le reflet de l'Un et chacun en éprouve un sentiment *narcissique* perdu depuis la fin de l'enfance par le garçon, et inconnu jusque-là de la fille qui n'a fait en général qu'un Œdipe imaginaire avec un père « absent ».

Déjà l'homme et la femme se situent très différemment par rapport aux mêmes mots d'amour... L'homme y retrouve *quelque chose de perdu* avec la mère, et la femme y découvre *une chose inconnue d'elle* avec le père : le sentiment de complétude œdipienne. Il y a, au moment de la rencontre, quelque chose qui se réveille en nous et qui est brûlant et exaltant comme la nouveauté. Nous croyons aimer pour la première fois, alors que c'est seulement la première fois que nous mettons des mots sur un émoi connu de nous depuis la prime enfance.

« Je t'aime » réalise le mariage de deux inconscients dans une relation commune et c'est ce qui en fait la fragilité : si un jour nous ne sommes plus d'accord avec la tête, bien souvent nos corps ne sont plus d'accord non plus... Inversement une panne des corps peut révéler une dissension secrète des esprits. Les sexologues ne commencent-ils pas par explorer le fonctionnement psychique du couple dans la vie journalière, alors qu'ils ont affaire en général au problème de l'oreiller ? Mais ils savent que *le corps est le fidèle porte-parole de l'Inconscient.*

L'amour est sous la commande directe et permanente des fantasmes de chacun et les fantasmes sont des sortes de rêves compensatoires que chacun de nous a appris à fabriquer dans sa tête lorsqu'il était bébé et que quelque chose ou quelqu'un venait à lui manquer. Il est clair qu'en l'absence de partenaire masculin dans l'enfance, les filles fantasment beaucoup plus que les garçons en ce qui concerne l'amour...

Tout petits, par un travail spontané et interne, nous avons appris à parer au « Manque » et chacun, à la suite de manques différents, s'est créé peu à peu son *objet idéal*, qu'il pare de toutes les qualités propres à le rendre heureux. Plus les manques ont été nombreux, plus les fantasmes sont importants et plus l'*amour* est *idéal*. Les grandes passions sont toujours le fait d'individus qui ont beaucoup souffert et qui ont mis tous les espoirs dans l'*Autre*...

Tout le monde sait que la grande passion n'est pas durable. Arrive fatalement le moment où l'un des partenaires n'est pas à la hauteur de l'attente de l'autre : « Il (Elle) n'est pas celui (celle) que je croyais... Alors il (elle) n'est *rien*. » Et en effet tout s'écroule d'un coup. À la plus grande flamme va succéder la plus froide des relations car brusquement la mesure est prise entre ce que l'on avait imaginé et ce qui est...

L'amour commence toujours par une période plus ou moins longue d'effervescence chez les deux amoureux, dont on dit couramment qu'ils sont « tombés sur la tête », qu'ils sont « seuls au monde » ou qu'ils sont « aveugles ». Il est exact que, pendant cette période, les amoureux sont tellement occupés à chercher dans l'autre leurs propres rêves qu'ils en oublient la réalité autour d'eux...

Autrefois le mariage se situait là, en pleine période de rêve. Le voyage de noces faisait figure d'essai sexuel et même s'il s'avérait décevant ce n'était pas une raison de rupture suffisante, puisqu'il restait encore beaucoup à attendre de l'installation du couple, de la vie à deux, des enfants à venir... Tant qu'il reste quelque chose à rêver, l'inconscient, qui ne vit que de rêves, ne se décourage pas !

On a du mal à expliquer que la longue cohabitation, la conception de l'enfant suivie de mariage chez les jeunes d'aujourd'hui, les mènent peu d'années après au divorce.

Vu de l'extérieur en effet un tel comportement ne paraît pas logique. Il y a tout lieu de se demander pourquoi il est nécessaire d'aller si loin, jusqu'à la conception d'un enfant en commun, pour constater que sa venue, elle non plus, ne crée pas la symbiose entre les parents. Parfois, l'enfant va même servir de détonateur, révélant un désaccord profond gardé secret jusque-là. L'enfant n'a pas eu la place souhaitée pour un enfant, il a servi d'instrument pour que chaque parent comprenne et voie qu'il s'était trompé. Le devenir de l'enfant paraît un problème mineur face à celui des parents qui allaient de rêve en rêve, espérant toujours améliorer leur relation amoureuse et qui réalisent enfin devant ce berceau que rien n'a changé.

L'inconscient est à la base de l'Amour, il pousse les amoureux de plus en plus loin, *la symbiose paraissant être toujours à venir* et soumise à certaines conditions, telles que le fait de vivre ensemble, d'avoir un enfant, de se marier, les choses n'étant pas toujours mises dans le même ordre d'ailleurs... Chaque nouvelle étape est attendue comme un moyen de rebondir et ainsi, *en allant de rêve symbiotique en rêve symbiotique,* on finit souvent par créer les premiers jalons d'une cellule familiale, dont je ne suis pas sûre qu'elle devienne jamais le lieu idéal des rêves, alors qu'elle est souvent le révélateur de certaines dissensions passées jusque-là inaperçues.

La vie de parents et d'époux demande une entente réelle sur des points précis, tels que l'éducation, la façon de vivre journalière, les amis, les loisirs, les besoins culturels, l'argent... Toutes choses qu'on peut se dispenser d'affronter dans le « no man's land » que représente la vie des jeunes amoureux dans un studio, mais qui ne résistent pas au mariage réel, organisé et routinier.

Si autrefois le mariage pouvait *se passer* de l'amour puisque tout ce qui l'entourait avait été organisé dans l'intérêt des deux époux, aujourd'hui le mariage ne repose que sur l'amour spontané entre les individus, c'est-à-dire sur leur attirance inconsciente. Rien d'autre ne sera organisé autour du couple, qui devra vaincre avec l'inconscient toutes les difficultés réelles qui vont se présenter : disparité de milieu, de culture, de race même ! C'est beaucoup ! Et comment compter sur la logique de la passion pour régler les problèmes de la réalité ? Il me semble que ce que nous appelons Passion s'appelle Inconscient... Il est certain qu'en ce moment c'est la première pierre de l'édifice familial, aucun couple ne supporte de continuer longtemps une relation qui ne serait pas fondée d'abord sur l'Amour passionnel, donc sur l'Inconscient...

La symbiose des corps

La grande équation, commune à l'homme et à la femme, dans les rapports physiques est : *vouloir* inconsciemment = *pouvoir* consciemment. Inversement : ne pas *pouvoir* est équivalent à ne pas *vouloir* inconsciemment.

La part de la décision inconsciente est fondamentale dans les relations physiques. Les gens ne comprennent en général pas clairement l'origine de leurs troubles, puisque cette origine ne passe pas par le *vouloir* conscient, mais par une chaîne réflexe inconsciente dont ils voient simplement les effets : ça ne marche pas.

Repartons une fois de plus vers l'amont. Un très jeune enfant caressé ou touché ne peut pas refuser avec des mots cette caresse, même si elle l'importune. S'il n'aime pas la personne, il va *refuser de façon somatique,* avec tout le corps qui se contractera ; dans le cas contraire, il va *accepter* le plaisir que lui procure ce contact en se détendant, en se laissant faire. Autrement dit, la réponse donnée à une sollicitation *passe d'abord par le corps* de l'enfant répondant à celui qui le touche. La petite fille en conflit avec sa mère, ne pouvant rien lui en dire, peut développer un refus alimentaire vis-à-vis de cette mère. Il y a de fortes probabilités pour que cette petite fille devenue grande, agisse de la même façon envers un homme qui lui rappelle inconsciemment le conflit d'autrefois. Elle va alors bloquer toutes sensations au niveau de la peau et devenir « inexcitable », elle sera donc « frigide », étrangère à tout ce qui vient de l'Autre.

Les modes de blocage ne sont pas toujours les mêmes : certaines peuvent accepter les caresses jusqu'à un point donné, où tout se bloque. D'autres suivent l'excitation jusqu'au moment de l'orgasme, qui, lui, est refusé, pour créer une distance nécessaire entre elle et lui. L'inconscient s'inquiète tout spécialement au moment du coït afin que chacun, par des mécanismes secrets, protège sa liberté d'appartenir ou non à l'autre. Sur le plan conscient tout ceci peut paraître étonnant ; il n'en reste pas moins vrai que tout individu présentant un problème de jouissance avec l'autre évite un moment de fusion qui lui rappelle le souvenir d'un danger éprouvé autrefois. Il ne se protège pas tant de la *jouissance* que de l'aliénation *au désir de l'autre.*

Le corps paraît avoir une *histoire*, celle-ci a commencé dès les premiers jours avec l'adulte qui s'occupait de l'enfant et elle continue même au sein du lit conjugal, alors que chacun se croit très loin de ses parents... À même demande, même réponse : trente ans plus tard, le corps continue à se fâcher le premier... et à bouder plus longtemps que la tête ! Deux partenaires qui ont été en opposition le jour, même s'ils sont d'accord pour faire l'amour le soir, ont de grandes chances d'aboutir à un fiasco.

Comme nous l'avons vu dans l'enfance, l'inconscient et le corps expriment la même chose. C'est toute la base de l'expression psychosomatique : *on dit avec le corps* ce qu'on ne peut pas dire avec *les mots.* C'est particulièrement valable sur le plan sexuel où le corps résiste lorsque s'exprime un désir qui n'est pas soutenu par la reconnaissance de la valeur de l'Autre : les plus heureux en amour sont « les amoureux » qui idéalisent fortement l'objet aimé et lui accordent un préjugé favorable démesuré. Quelquefois un homme et une femme vivant ensemble s'étonnent de ne pas retrouver les élans d'autrefois. Ils ont tout simplement au contact de la vie réalisé la valeur relative de l'un et de l'autre, ils ne sont plus Roméo et Juliette...

La part du rêve s'est amenuisée et la cohabitation habituelle fait que l'orgasme n'est plus le but mais devient problème, alors que toute femme qui se masturbe l'obtient parfaitement et rapidement (deux ou trois minutes d'après le rapport Hite).

La masturbation est l'art de se procurer à soi-même et sans l'aide d'*aucun tiers* un véritable orgasme. Le fait de se laisser exciter par un autre fait bien appel aux mêmes gestes, mais les caresses étant reçues comme la manifestation du *désir de l'Autre*, leur effet dépendra de la manière dont est ressenti cet Autre.

Dans la masturbation, la difficulté psychologique de la relation à l'Autre est écartée, la personne n'a à faire confiance qu'à elle-même ou à ses fantasmes secrets.

La masturbation a été longtemps ignorée et condamnée par la morale. Depuis la naissance de la sexologie qui lui reconnaît un rôle prépondérant comme prélude aux jeux sexuels entre adultes, elle reprend sa place de sexualité solitaire pour celle qui est trop jeune ou trop âgée pour avoir un partenaire ou qui, de façon temporaire, n'en a pas ou de façon définitive n'en veut pas.

La masturbation est souvent la seule vie sexuelle d'un individu à un moment donné ; c'est dire que l'orgasme, atteint sans partenaire, est une affaire d'excitation et pas toujours d'amour...

Masters & Johnson [1] en arrivent à conclure assez étonnamment que les femmes ont plus facilement des orgasmes par masturbation et que les orgasmes les plus intenses sur le plan physique se rencontrent chez les femmes ayant recours à cette pratique auto-érotique.

1. *Les Réactions sexuelles,* Éd. Robert Laffont.

Plus proche de nous, le célèbre rapport Hite conclut : « De nombreuses femmes ont dit qu'elles atteignaient aisément l'orgasme en se masturbant pendant quelques minutes. 82 % des femmes nous ont dit qu'elles se masturbaient et sur ce nombre 95 % parvenaient sans peine à l'orgasme, chaque fois qu'elles le voulaient. Pour beaucoup de femmes le mot masturbation est synonyme d'*orgasme*[1]. »

En somme, pour la femme, le coït ne serait pas la façon la plus rapide ni la plus régulière d'avoir un orgasme... Et la masturbation tient une place prépondérante dans l'accès à la jouissance féminine.

La rapidité de l'excitation tient au fait que c'est la même personne qui demande et qui reçoit. Dans le coït, la demande et la réponse ne sont pas toujours en phase, c'est bien souvent le contraire et cela a un effet de ralentissement sur la courbe d'excitation. L'orgasme n'est un problème que dans la mesure où il est ce que « veut » l'autre ; quand il dépend de notre propre désir, il fonctionne parfaitement... Il en est de même pour l'homme qui peut, au cours d'un rapport sexuel, éjaculer mécaniquement sans avoir lui non plus d'orgasme.

L'orgasme entre deux amants est à la mesure de la confiance qu'ils ont l'un en l'autre. Pour y accéder, il faut pouvoir laisser de côté toute idée d'opposition (donc de refus). Il faut que la main du partenaire puisse être assimilée à la sienne propre, car qui voudrait se faire à soi-même autre chose que du bien ? Il faut créditer l'autre d'aussi bonnes dispositions à notre égard que nous en avons nous-mêmes. Rien n'est plus égoïste que

1. Rapport Hite, Éd. Robert Laffont.

l'orgasme et rien n'est plus altruiste que de laisser l'autre nous le donner.

Les échecs surviennent toujours pendant des périodes où nous nous sommes blessés l'un l'autre et où le taux de méfiance a augmenté : « Il ne me comprend pas », « Je serai toujours seule avec celui-là », « S'il savait ce que je pense de lui... » Voilà des pensées qui tuent l'orgasme.

Quant à la lenteur des femmes lors de l'excitation elle est démentie formellement par leur rapidité orgastique lors de la masturbation. Ce qui fait problème, c'est l'attitude profonde de méfiance de la femme vis-à-vis du savoir-faire de l'homme. Elle pense qu'il ne fait pas ce qui conviendrait, ou qu'il ne dit pas ce qu'elle aimerait entendre ; enfin, d'une façon ou d'une autre, elle se trouve sous l'influence de l'imaginaire déjà vécu avec son père...

On parle volontiers de la trop grande lenteur de la femme, mais on n'incrimine pas assez souvent la trop grande rapidité de l'homme qui manifeste une certaine impossibilité de faire face au désir de la partenaire (donc imaginairement de sa mère).

La réussite physique entre deux êtres humains est toujours soumise à cet axiome : « je *veux* ce que tu *veux.* »

Cette formulation est difficile pour l'homme qui a été trop longtemps œdipiennement « soumis à sa mère » et ne veut plus inconsciemment le *redevenir;* elle est difficile également pour la femme qui n'a jamais été *l'objet* de qui que ce soit, n'ayant pas eu d'Œdipe avec son père dans la plupart des cas.

Nous voyons bien à quel point le *rapport sexuel adulte* repose sur le *rapport primitif* à la mère. La réussite dépendra alors du Fantasme qui nous permet de prendre l'autre pour une « *bonne* » Mère, même si l'on n'en a jamais eu.

Les remèdes de l'Amour, ce sont les *fantasmes* qui ont droit de cité dans la mesure où ils ajoutent à la situation réelle ce qui lui manque pour déclencher la perfection de l'instant : l'orgasme, si étonnant, si inhabituel pour nous que nous en perdons le souffle, la perception du jour, l'audition des bruits... et lui aussi est affaire d'inconscient !

L'orgasme est, nous dit le sexologue Swang, « le meilleur remède à l'angoisse de l'homme », ce qui explique tous les moyens inventés par l'homme et son imagination pour l'atteindre. Les analystes appellent l'orgasme « la petite mort ». Vous voyez que chacun lui réserve une place bien spécifique dans la catégorisation des repères humains. Les animaux qui naissent presque tous à l'état d'achèvement ne connaissent ni les manques du petit d'homme, ni les joies propres aux amours qui plongent leurs racines dans l'inconscient.

Tout ce qui peut nous aider à atteindre l'orgasme est « bon », sauf si ce qui est nécessaire à la jouissance de l'un passe par la *mort* ou le *viol* de l'autre.

Mais il peut arriver que l'enfant ayant pris comme base de jouissance l'extrême cruauté d'un ou de ses deux parents, ne connaisse d'orgasme qu'en relation avec une situation aussi cruelle que celle qu'il a enregistrée (disputes violentes, cris, coups, etc.).

L'enfant sera devenu un adulte « psychopathe » logique avec lui-même, mais illogique pour tous les autres. Une question se pose : le sadomasochisme, la bisexualité, la pédophilie, l'homosexualité font-ils partie des chemins normaux de l'amour ?

Toutes les formes d'amour, qui sont issues d'un même désir entre *deux êtres humains* et ne font pas appel à la contrainte physique ou morale, sont des formes d'amour qu'un psychanalyste ne peut pas traiter d'anormales. Il les reconnaît au même titre que les autres, dont la référence type est l'amour hétérosexuel, tout simplement parce que celui-ci est le seul qui assure à la fois le *plaisir* et la continuation de l'espèce, donc l'évitement de la mort.

L'homosexualité

L'homosexualité est une manière de vivre qui consiste à refuser la différence sexuelle et à faire confiance affectivement et physiquement à une personne sexuellement semblable. Cette recherche découle d'une relation homosensuelle insatisfaisante avec une mère, elle-même peu attirée par le féminin de sa fille pendant l'enfance.

L'homosexualité peut apparaître tardivement ou précocement, temporairement ou définitivement, selon la structure de la personne.

Les homosexuelles font entre elles tout ce qu'on peut faire avec un homme, avec éventuelle utilisation pendant l'orgasme d'un objet ou des doigts comme substitut de pénis. Il semble que ce qui est absent en fin de parcours soit largement contrebalancé par la sûreté et la satisfaction d'une excitation bien menée par une autre femme qui sait...

« Elle est douce, délicate et sait exactement comment caresser mon clitoris avec la pression qui convient...

Nous prenons tout le temps qu'il faut et nous jouissons, nous jouissons [1]. »

Ce qui paraît dominer la relation homosexuelle féminine, c'est cette recherche de tendresse infinie, de paroles douces, de temps qui n'est pas mesuré à l'aune de la rapidité masculine.

Si deux personnes, en l'occurrence deux femmes, décident que la forme d'amour qui les satisfait le plus est celle qui se partage avec une autre femme, pourquoi pas ?

Il se peut en effet que la relation infantile à la mère ait été tellement « insuffisante » et même « déstructurante » qu'à l'adolescence la fille ne soit pas du tout prête à se ressentir l'égale d'une femme et en tout cas pas « une femme comme les autres ». Si elle croise le chemin d'autres adolescentes de même structure à la recherche, non pas du *plaire* à l'homme (comme c'est en général le cas), mais de la *rencontre* réussie avec une autre femme (sentiment qui fait aussi partie, momentanément, de l'adolescence féminine) et qu'elle connaisse cette rencontre réussie, il se peut qu'elle s'y fixe définitivement.

Il faut dire que dans le cas de très mauvaise relation à la mère, l'identification sexuelle maternelle est *plus ou moins refusée* et l'identification masculine *plus ou moins souhaitée,* de sorte qu'on trouve des variations dans l'homosexualité : certaines ont des relations homosexuelles habituelles, d'autres ont des relations épisodiques et d'autres vont *alternativement* de la femme à l'homme, et quelques femmes en panne d'identité féminine rêvent d'identité masculine, et de transexualité et transformations chirurgicales, afin de pouvoir donner

1. Rapport Hite.

« vraiment » à l'autre femme ce qu'elle attend... Mais tout se passe comme si le plaisir devait être obtenu d'une femme ou donné *à une femme,* en qui elle trouve enfin l'amour féminin que la mère n'a pas accordé.

On notera que l'homosexualité féminine, relation de réparation avec une autre femme, est fortement marquée d'affectivité et qu'elle a ainsi des motivations et des caractéristiques différentes de l'homosexualité masculine. En effet, l'homme homosexuel ne recherche son propre sexe que parce qu'il fuit celui de la femme, ayant connu un trop grand amour avec la mère, il ne peut plus désirer une autre femme sans réveiller une terreur profonde et seul le monde masculin lui apparaît comme rassurant. La femme homosexuelle, elle, n'a rien à craindre de l'homme... sinon qu'il ne sache pas aimer comme elle le souhaite. Elle ne cherche pas tant à *fuir* l'homme qu'à *retrouver* la femme, donc elle pourrait également trouver son bonheur auprès d'un homme dit tendre et quelque peu ambivalent sur le plan de la masculinité.

Y a-t-il beaucoup de femmes homosexuelles ? Certainement plus qu'on ne l'imagine... En France aucune statistique valable n'a été faite jusqu'à ce jour. En Amérique, Kinsey estimait en 1953 à 12 ou 13 % le nombre de femmes qui avaient eu des relations homosexuelles. Masters & Johnson parlent de 8 % de véritables homosexuelles et 9 % de bisexuelles, ce qui porte à 17 % le chiffre de celles qui apprécient la jouissance entre femmes.

Mariage et amour

Le mariage homme-femme est-il un agent favorable ou nuisible à l'amour ?

La réponse ne peut être que très nuancée. Il y a ceux qui, se connaissant bien et acceptant bien leurs différences après un essai de plusieurs mois de vie commune, continuent à apprécier leurs qualités réciproques et à tolérer leurs défauts. Ils s'aiment profondément, ils en ont fini avec l'état amoureux et ses illusions et ils pensent pouvoir partager la même vie. Le mariage ne changera pas grand-chose à leur amour ; il sera vu par eux comme le commencement d'une cellule familiale et sociale où l'enfant viendra dans des conditions favorables, puisque l'enfant a surtout besoin, dès ses premiers jours et à égalité, d'un père et d'une mère présents. Même si les rêves amoureux se sont quelque peu émoussés au cours de la vie commune, les partenaires découvriront une nouvelle symbiose à travers un enfant qui est, en tout premier lieu, « Toi et Moi ». Avec ou sans mariage, telle est l'évolution habituelle de la symbiose de l'amour humain : Toi et Moi, puis Toi et Moi *dans* l'enfant, puis Toi et Moi *avec* l'enfant. La symbiose a changé de couleur, mais elle est toujours là et c'est ce qui maintient le couple uni.

Pour ceux dont la demande est d'avoir toujours une symbiose intense surtout s'ils fondent cette symbiose sur les émois corporels éprouvés ensemble, il n'est pas évident qu'ils puissent conserver éternellement un état amoureux qui fait partie du commencement de l'amour... Peut-être devront-ils recommencer plusieurs fois leur vie pour retrouver chaque fois et éprouver comme neuf « l'émerveillement » de l'amour...

Combien de femmes veulent être aimées ainsi, comme au premier jour pendant vingt-cinq ans ! Elles sont les premières à demander à leur amoureux au bout de dix ans de cohabitation : « Dis-moi pourquoi tu m'aimes. » Cette question embarrasse beaucoup l'homme qui, justement, aimait de façon globale et n'avait jamais réfléchi aux raisons justifiant son amour...

La femme passe des contes de fées de son enfance aux amours imaginaires de l'adolescence, puis au vertige du premier amour, la constante féminine étant d'attendre *tout* de l'homme.

Les lectures des femmes sont très révélatrices à cet égard : de *Cendrillon* à *Autant en emporte le vent*, de *La Belle et la Bête* à *L'Amant de lady Chatterley*, en passant par toute la gamme des romans d'amour de Delly ou de la collection Harlequin, achetés pour lire dans le train, les femmes aiment essentiellement les histoires d'amour...

« Pour que 25 % de femmes éduquées lisent cette littérature, en sachant parfaitement bien que c'est une imposture, il faut que leurs fantasmes soient réellement puissants », écrit Michèle Coquillat [1].

Ces romans racontent presque toujours la même histoire, celle qui plaît aux femmes, car elles s'y reconnaissent : une jeune femme orpheline ou élevée par une autre femme (mal aimée dès l'enfance) est remarquée par un homme beau, grand, qui connaît la vie (image idéalisée du père œdipien qui lui a manqué). Après de multiples détours et difficultés qui font l'origi-

1. *Romans d'amour*, M. Coquillat, 1988, p. 244.

nalité du roman, il lui déclare enfin son *amour* et elle est comblée !

« C'était la capitulation totale de son être et elle savait qu'il comprenait... Toute son angoisse était balayée par le plaisir qu'elle éprouvait à rencontrer quelqu'un qui la comprenne si bien [1]. »

Elle se sentait pour lui « transparente ».

Ce n'est que fantasmatiquement que la femme croit être « comprise » par cet homme amoureux. En vérité, il ne connaît rien de ce que la femme a pu vivre de dénarcissisant auprès d'une autre femme, plus belle et plus aimée du père. Lui n'a pas vécu une situation symétrique. Lui n'a été que narcissisé par sa mère et même dans sa rivalité avec le père, sa mère avait une fonction plutôt rassurante. Il ignore ce que cette femme a traversé d'inconfortable sur le plan de la *féminité* avec sa mère et il ne comprend *rien* au fait qu'elle a surtout besoin d'être rassurée sur ce point.

Ignorant tout cela et voyant cette femme attachée à lui plaire, il va lui demander d'être tout ce qu'il aime chez une femme, ce qui la fera retomber dans le stéréotype de l'éternel féminin. Si la femme se tourne vers l'homme pour recevoir confirmation de sa féminité, c'est d'une « certaine » féminité qu'elle entendra parler et hélas nous en connaissons tous les ingrédients !

Il suffit de lire les journaux dits féminins : ils vous diront tous « comment le séduire, le retenir, le partager avec une autre », etc. Toutes les recettes sont prévues, à condition qu'elles puissent plaire à l'homme, évidemment !

1. *Ibid.*

La femme passe directement de sa mère à son homme. Rappelons encore une fois ce mot si juste de Freud : « le mari croyant hériter de la relation au père, hérite en fait de la relation à la mère... », car la femme va vouloir « satisfaire » l'homme, comme elle devait satisfaire sa mère pour continuer à avoir une place de fille. La place de femme se garde de la même façon. C'est si vrai que l'homme ne voit pas d'inconvénient à ce que la femme travaille, pour autant qu'elle continue à faire tourner la maison et la machine à laver... D'où la double journée des jeunes mères actuelles, d'où le ras-le-bol des superwomen...

Tant que les femmes resteront, comme me l'a dit si clairement ce matin une femme, coincées par le « faire plaisir » aux autres, elles resteront les esclaves de tout le monde... Et surtout de cet homme avec qui elles vivent depuis des années, voulant toujours que ce soit comme au premier jour !

À la fin d'une double journée, reste-t-il encore assez d'énergie pour être l'amante rêvée ? D'ailleurs a-t-on l'esprit à « vouloir » encore quelque chose, alors qu'il est onze heures ou minuit et que le dernier essorage est en route ? Ne risque-t-elle pas d'être délaissée pour une autre femme plus libre ?

Et voilà que se profile à nouveau l'image de « l'autre femme *mieux* que soi-même » : la jalousie, ce cancer de l'amour, se glisse dans le couple... Et si par malheur le pressentiment devient réalité, la femme va poursuivre de sa haine et de sa vindicte non pas l'homme qui la trompe, mais « l'autre femme »... Comment est-Elle ? Que fait-Elle ? Que lui fait-Elle de plus ? Que lui dit-Elle ? C'est la rage contre l'autre femme qui occupe la femme trompée, car elle a déjà l'habitude avec sa mère qu'une Autre la dépasse, qu'une autre lui prenne l'homme. Somme toute, elle s'y attendait.

L'homme jaloux ne demande rien sur l'autre homme, il ne veut rien savoir... Il souffre de ce que sa femme lui échappe, lui à qui la première femme, sa mère, n'a jamais fait défaut...

La jalousie est un sentiment terrible en amour parce qu'il fait retourner chacun à des sentiments archaïques dont l'expression est enchaînée au corps. L'adulte jaloux devient comme le petit enfant dans son berceau, lorsque sa mère l'abandonnait pour faire autre chose et qui pleurait, criait, étouffait. C'est tout cela que l'on peut retrouver d'un coup, parce que celui qui nous aimait est parti « ailleurs ».

La jalousie fait partie des sentiments amoureux car on ne craint de perdre que ce à quoi l'on tient et ce n'est pas un hasard si c'est la femme qui éprouve le plus souvent ce sentiment. Premièrement, nous avons vu que, lors de son enfance, elle l'a bien connu avec la Mère, la première des « autres » femmes... Secondement, n'ayant pas eu son père comme objet œdipien, elle n'a eu aucun autre objet de remplacement et c'est dans l'amour qu'elle éprouve pour la première fois le sentiment que quelqu'un lui appartient, à elle en priorité. Deux raisons qui font que l'amour revêt plus d'importance dans la vie des femmes que dans celle des hommes, et qu'elles y tiennent d'autant plus. Et qu'elles sont d'autant plus déçues quand ça ne marche pas avec l'homme qu'elles ont tellement attendu. Profondément déçues, elles sont les premières, depuis qu'on leur a accordé le droit de parler et de voter, à dire que cela ne peut pas durer et qu'il faut divorcer, ce sont les femmes qui à 75 % demandent le divorce !

Autrement dit, le mariage n'est pas la solution idéale pour tous. Certains y trouveront un attachement indéfectible, alors que d'autres le ressentiront comme une prison d'où ils chercheront sans cesse à s'échapper, quitte à ne le faire qu'après des années. Ils auront ainsi connu une longue insatisfaction dans laquelle ils auront plongé leurs propres enfants, leur donnant de la vie une fausse appréciation... Un jour ils ouvriront la porte de la cage et ils divorceront.

Le divorce

Le divorce est pour les époux la solution ultime à leurs désaccords, mais on divorce en général trop tard, après des années de conflit qui minent peu à peu l'estime entre les partenaires, et le jour où deux parents se séparent, ils obligent sans le savoir l'enfant à rejeter tour à tour une moitié de lui-même. Ce qui est richesse d'un enfant, sous forme de mélange de deux personnalités différentes, peut devenir catastrophe et problème quand chaque parent rejette en son enfant ce qui *ressemble à l'autre...* C'est là tout le problème du divorce ! Arrivera-t-on à divorcer aussi simplement que l'on se marie, c'est-à-dire en constatant, et en faisant part à ses proches, que ce mariage va être dissous, puisque ne convenant pas à l'épanouissement des partenaires.

Ce qui rend le divorce si difficile, c'est qu'il est considéré comme quelque chose de *négatif* par la plupart des gens. Les partenaires, soutenus par la société lors de leur mariage, se trouvent ici *abandonnés* et *blâmés,* au lieu d'être *félicités* pour leur lucidité et leur volonté de ne pas plonger leurs enfants dans une situation névrosante. Il n'y a personne pour dire ce qu'est le divorce : un changement de direction, tout comme le mariage du reste... Les partenaires hésiteraient beaucoup moins longtemps à défaire leur union, s'ils se savaient approuvés – ou, au minimum, non blâmés – par les leurs et par la société. Ils prolongent des situations « invivables » par peur du jugement des autres, ou par crainte de traumatiser l'enfant.

Il faut le dire ici : mariage ou pas, ce qui *traumatise* votre enfant, c'est de devoir, à un moment ou à un autre de sa vie, choisir et prendre parti entre ses deux parents, c'est-à-dire entre les deux moitiés de lui-même... La seule solution est de comprendre que, dans un divorce, le salut de l'enfant passe par une estime réciproque conservée entre ses géniteurs.

Deux parents qui décident de séparer leurs vies, doivent savoir qu'ils garderont toujours *quelque chose en commun, l'enfant.* Celui-ci, où qu'il vive, a besoin de pouvoir s'estimer en entier et ne doit jamais être acculé à choisir entre ce qu'il éprouve pour son père et ce qu'il éprouve pour sa mère. Dans le cas contraire, c'est lui qui devra assumer *un divorce* interne et ce cas est beaucoup trop fréquent, pour qu'on ne le dénonce pas ici : les parents qui divorcent font en général partager « indûment » à l'enfant une séparation intérieure qui le laissera à tout jamais marqué...

Quand deux jeunes se marient, il ne vient à l'esprit de personne de dire : « C'est de sa faute à lui ou à elle... » Que n'en est-il de même lorsqu'ils divorcent ? Le jour où ils ont dit oui devant M. le Maire, personne n'avait vu « l'autre mariage » qui se concluait entre leurs inconscients... Et c'est toujours l'inconscient des êtres humains qui leur rend la vie commune intenable. Que peut-on dire de ce qui ne se voit pas et que les principaux intéressés ne voient pas eux-mêmes ?

Je voudrais que s'établisse définitivement dans la tête des gens cette idée : dans le mariage, comme le dit le Petit Prince de Saint-Exupéry, « l'essentiel est invisible pour les yeux ». Gardons-nous donc de porter un jugement sur ce que nous voyons du mariage et du divorce, deux démarches qui n'ont souvent que des *justifications inconscientes.* Parfois l'équilibre invisible des inconscients est bon pour les deux partenaires et permet de passer la vie ensemble; parfois l'équilibre invisible est nocif pour l'un ou l'autre, ou pour les deux et il faut se « démarier ».

Je ne vois là rien qui puisse être établi comme loi : toute histoire d'amour, de mariage ou de démariage dépend d'abord de l'histoire inconsciente du sujet et ne peut de ce fait être généralisée.

Cela étant établi, chacun de nous trouvera son bonheur ou dans le mariage, ou dans l'union libre, ou dans le célibat. Je crois qu'il y aura bientôt plusieurs formes de vie sociale et nous nous acheminons, du moins en Europe, vers une société plurifamiliale où chacun aura la famille qui lui convient.

Si l'analyste que je suis, prend parti pour une éducation de l'enfant également répartie entre père et mère, il ne lui appartient pas de décider de la formule du contrat qui lie les parents entre eux et le chamboulement actuel des structures familiales nous prouve bien que l'Inconscient se rit de tout contrat, fût-il de mariage...

La famille monoparentale

On relève actuellement un taux de divortialité de un couple sur deux dans la région parisienne et de un sur trois en province. Il n'est pas rare de rencontrer des hommes et des femmes (surtout des femmes) qui, à trente ans, ont déjà été mariés, ont un ou deux enfants, ont divorcé et constituent ce qu'on appelle la famille monoparentale. *Celle-ci est le résultat du couple éclaté* et non pas d'un désir bien établi de vivre avec des enfants et sans conjoint, comme on voudrait nous le faire croire. Tous les sociologues vous le diront : la famille monoparentale est la concrétisation de l'impossibilité éprouvée à vivre en couple.

L'enfant est actuellement trop souvent le « partenaire idéal » de la femme. Elle ne le sait pas quand elle le conçoit dans un élan de symbiose avec son partenaire, comme l'incarnation d'un lien durable avec lui, mais cet enfant a beaucoup de chances – ou de risques ! – de devenir *plus important pour elle* que l'homme avec qui elle l'a fait.

Dès que la femme sait qu'elle porte en elle un enfant, elle éprouve avec lui une communauté de corps qui dépasse de loin les quelques minutes ou secondes du coït avec l'homme... Une femme enceinte perçoit rapidement qu'elle a atteint un degré de symbiose unique dans la vie. Sans en prendre vraiment conscience, il arrive qu'elle glisse lentement du mari à l'enfant comme « alter ego ».

La prééminence de la mère par rapport au père prend naissance dès la grossesse et sera, dans bien des cas, considérée par l'homme comme une fatalité. Malgré les 5 % de pères qui découvrent avec ravissement le corps à corps avec l'enfant, la connivence avec lui, la chaleur de ses bras autour de leur cou, les autres continuent d'ignorer que le nouveau-né est prêt à vivre aussi bien *avec* le père qu'*avec* la mère. Peu de couples exploitent cette possibilité et l'homme, à côté du duo mère-enfant, se transforme en saint Joseph : celui qui n'y est pour rien, ne sait rien faire et n'y peut rien.

Le père vit ailleurs, loin de chez lui, pour de longues heures et ce n'est ni sa société, ni son patron, ni l'État qui le libéreront à une heure convenable pour qu'il puisse « paterner ». Ni le patron ni le père ne changeront rien à leurs habitudes. En revanche, la mère *doit* se débrouiller : l'enfant n'a qu'*elle* sur qui compter et elle doit d'abord penser à *lui*.

Cet état de fait entraîne une répercussion immédiate. Si le couple était en danger d'éclatement, la venue de l'enfant accroît ce danger puisque les parents ont une position psychologique divergente, chacun s'accrochant à ce qu'il croit être son domaine, ou son privilège : la mère à l'enfant, le père au travail. Ils ne sont plus sur la même longueur d'onde ; cet enfant, qui avait été considéré comme désir commun, est devenu réalisation d'une seule. La femme commence à se dire : « Puisque je suis *seule* avec l'enfant et puisque je ne peux pas compter sur mon mari, à quoi bon rester ? Puisque je ne peux vivre qu'*avec* mon enfant, autant quitter François, je vais lui en parler »... Un soir passe, puis deux, puis trois, ce n'est pas facile de dire : « Je veux partir avec l'enfant que nous avons fait. » Que va dire François, lui qui travaille du matin au soir et rentre fourbu, avec le sentiment qu'il travaille pour « eux » ? Il va d'abord dire que c'est fou et stupide, puis devant les arguments ménagers habilement amenés, il va commencer à comprendre qu'ici il occupe la place d'un inutile, que la maison tourne très bien sans lui, qu'il représente même une charge de plus, une bouche de plus, des chemises à repasser en plus, une vaisselle en plus. Enfin il est *où il s'est mis depuis la naissance du bébé,* « en plus » de la mère et de l'enfant et maintenant il va perdre mère et enfant qui forment un tout.

Les statistiques sont claires : sur cent enfants de divorcés, quatre-vingt-cinq vivent avec leur mère et ne voient qu'accessoirement leur père ; cinquante pour cent perdront définitivement tout contact avec le père ! Donc si la femme demande le divorce ce n'est pas tant par déception de ce qu'elle a trouvé auprès de l'homme, que parce qu'elle a découvert une *autre symbiose* plus satisfaisante avec l'enfant. C'est ce qui donne à l'enfant une *position clef* dans la vie d'une femme.

La femme découvre en effet, avec la venue de l'enfant, une situation de symbiose idéale où elle communique de façon permanente avec l'« autre », et ce qu'elle n'a parfois pas trouvé avec son partenaire, elle peut le vivre avec son enfant. La femme peut en déduire que sa solitude est comblée et qu'elle peut sans dommage s'engager à vivre en parent célibataire. L'illusion sera de courte durée, car dès qu'il sera d'âge à s'exprimer, l'enfant fera comprendre à sa mère, par son opposition, qu'elle doit renoncer aussi à cette symbiose et affronter à nouveau la solitude, même auprès de l'enfant tant aimé... Et la femme déçue de l'homme, déçue de l'enfant retourne à son insatisfaction primitive : personne décidément ne peut lui apporter ce que son père ne lui a pas donné dans son enfance.

Mon travail d'analyste m'a fait toucher du doigt à quel point l'insatisfaction des femmes est profonde et comment elles vivent des vies entières entachées de la crainte et de la culpabilité de ne pas être ce qu'il faudrait...

Je pense que si les mères elles-mêmes ne comprennent pas l'origine de leurs malheurs, elles continueront à les perpétuer tout en croyant les éviter. L'Œdipe entre les pères et les filles n'existera que dans la mesure où les *pères s'y engageront,* mais pour autant que les mères le *permettront.* À l'heure actuelle, il est devenu évident que trop de femmes déçues par l'homme se rattrapent avec l'enfant dont elles font une exclusivité féminine, et dont elles privent le père – ce faisant elles privent leur fille d'Œdipe, et l'Œdipe n'est-t-il pas le premier lieu de la différence des sexes reconnue comme « bénéfique » ? Avec son parent œdipien, l'enfant s'éprouve comme « ce qu'il faut être ». N'est-ce pas un début « confortant » pour un être humain ? Et n'est-ce pas primordial d'être reconnu satisfaisant avant l'âge de cinq ans, plutôt que de courir sa vie durant à la recherche de reconnaissances, variées, peut-être, mais toujours cher payées, surtout par les femmes ?

Dès que l'on parle des femmes, il semble qu'il n'y ait toujours qu'un seul et même refrain : elles feront des enfants. Faut-il que ce soit là un énorme privilège, pour que tout autre mode d'existence soit inférieur à celui-là !

Même celles qui choisissent d'avoir une vie autre, n'osent pas lâcher ce privilège et préfèrent assumer une double existence. Les femmes revendiquent *l'égalité du travail* avec l'homme, mais en même temps, *elles revendiquent l'enfant.* L'homme commence à penser que cette femme-là, la « superwoman », devient franchement dangereuse. Lui qui avait pris soin de reléguer sa femme à la maison avec les enfants, pour ne plus la rencontrer au même lieu que lui, s'affole de voir qu'elle trouve le moyen de sortir de sa prison, soit en ayant moins d'enfants, soit en les « plaçant » en garderie, à la crèche ou chez sa mère.

La femme a compris le subterfuge que l'homme employait envers elle. Elle ne nie pas son utérus, mais elle refuse d'être réduite à *n'être que cela.* Le tout est de ne plus être esclave de ses hormones, de pouvoir parer au désir d'enfant de l'homme, de n'avoir d'enfant que lorsque le travail le permet et de ne jamais devenir l'esclave de ce petit. Somme toute, la reproduction a cessé d'être l'obligation de la femme et le coït de ressembler à une soumission. L'enfant de devoir a été remplacé par l'enfant du plaisir et du désir.

Chapitre 5

Désir d’enfant

Si l'on veut parler d'enfant, il faut commencer par considérer sa place dans la société et dans la famille actuelle : l'enfant ne « tombe » plus par hasard, mais « arrive » au moment où ses parents l'ont programmé.

Autrefois, on faisait des enfants sans le vouloir, parce qu'on était marié et que c'était la conséquence des rapports sexuels dans le mariage; si, au bout de quelques mois, « rien » n'arrivait, on s'inquiétait même qu'il ne se passât rien. Faire des enfants n'était pas forcément une jouissance; c'était un devoir, comme le mariage du reste il y a à peine cinquante ans.

Mais les choses ont bien changé. La femme voulant sortir de son unique rôle de mère et maîtresse de maison, il a bien fallu qu'elle soit « dégagée » de l'enfant. À cause de ses nouvelles aspirations, on a jeté dès 1967 les bases de la contraception.

C'était le grand virage : on ne ferait plus des enfants en grand nombre, mais des enfants au nom d'un grand amour. La baisse de natalité s'est ensuivie et l'attention éducative a augmenté : Freud n'avait-il pas dit et écrit que le bien-être de l'adulte dépendait en grande partie de la façon dont il avait été aimé « enfant » ?

Ce qui conditionne la venue de l'enfant, ce n'est donc plus tant la famille, que l'amour qu'il va trouver et l'attention dont on va l'entourer.

L'enfant fait partie intégrante de l'amour et un couple sur deux passe devant M. le Maire, l'enfant étant déjà conçu. Ce n'est pas *le mariage qui est le support de l'amour,* c'est au contraire *l'amour qui est le garant du mariage,* et s'il n'y a plus d'amour le mariage n'aura plus de sens. Le devoir de s'aimer pour faire un enfant a pris la place de l'obligation de se marier pour fonder une famille. Le système est complètement inversé : ce n'est plus la raison qui sert de base à la cellule familiale, mais l'amour. L'amour et ses mirages, l'amour et l'inconscient dirigent la cellule de base de notre société... Un peu étrange quand on y regarde de près et quand on sait que le « désir » inconscient n'est *jamais satisfait* et qu'il *cherche toujours mieux,* ailleurs, plus loin, etc.

Donc ces enfants d'aujourd'hui, on les désire, on les attend et on leur fait fête quand ils arrivent. Ils ne sont plus le « fardeau » du mariage, mais le « cadeau » de l'amour.

Quand on s'aime, le mariage n'est plus obligatoire, mais l'enfant est quasi inévitable, parce que les premiers moments de la vie à deux ayant réalisé le rêve d'union des deux partenaires, leur inconscient va les pousser vers un autre rêve commun : l'enfant. L'enfant est d'abord un enfant *imaginaire* puisqu'il prend naissance dans l'inconscient parental.

Inconscient et désir d'enfant

Précédemment le *hasard* tenait la place du *désir* et l'enfant arrivait sans consulter ses parents. Que de larmes chez les femmes qui attendaient leur huitième enfant à quarante ans ! Et combien de temps ne fallait-il pas pour s'habituer à cet événement et l'accepter ! Nous avons oublié tout cela car, depuis la contraception, les femmes ne font que les enfants qu'elles *veulent faire,* ou qu'elles estiment compatibles avec leur vie professionnelle.

Donc une femme enceinte, c'est une femme heureuse qui réalise son vieux, vieux désir d'enfant. Elle en imagine des choses sur ce bébé ! On a peu d'enfants mais que ne désire-t-on pas, que ne fait-on pas pour eux ! Pour qu'ils « arrivent »... Où ? Là où notre désir les attend...

Donc une femme enceinte est heureuse de porter cet enfant qu'elle a voulu et programmé maintenant, en fonction de l'appartement, de la situation de son compagnon et de la sienne, surtout de la sienne, car elle doit veiller à ce que l'enfant ne l'entrave pas dans sa réussite professionnelle. C'est la femme qui, par la contraception et en fonction de sa carrière, *choisit* le moment idéal pour faire un enfant.

Les femmes sont actuellement les seules responsables du nombre d'enfants dans le pays et ce nombre est en rapport avec la vie professionnelle de la femme et le niveau de vie de la famille qui intervient beaucoup dans cette affaire. Nul ne voudrait destiner son enfant à ne pas avoir « tout ce que chaque enfant est en droit de trouver dans son berceau » et les femmes font de savants calculs pour savoir si, compte tenu du prix de la crèche, du coût des Pampers, et de ce qu'elles gagnent en ce moment, l'enfant numéro deux ou trois serait une éventualité positive. L'enfant n'est décidé que s'il est un *plus* que le couple peut s'offrir. Tout cela paraît parfaitement étudié, programmé et exécuté, à croire qu'on décide d'une grossesse aussi simplement qu'on va acheter du pain pour le déjeuner.

Toutes les raisons pèsent dans la balance : le prix de ce bébé et l'argent que gagnent ses parents, mais également l'âge de l'aîné, l'âge des parents, la date des vacances (pour l'accouchement bien sûr) et même parfois la lunaison ! Des fois que ça influerait sur le sexe, comme le régime plus ou moins salé ou fromagé selon que l'on veut une fille ou un garçon...

Il en faut des conditions pour se décider au mieux ! On dirait que tout est conscient, que la naissance d'un enfant n'a plus rien à voir avec l'inconscient de ses parents. Eh bien, tant mieux ! Nous voilà débarrassés de ce gêneur !

Mais alors... l'I.V.G. ? Pourquoi y recourt-on encore ? Pourquoi les femmes font-elles pareilles « erreurs » qui les mènent jusque-là ? Et certains médecins d'entonner un grand discours moralisateur sur l'I.V.G., ce n'est pas un acte anodin, il n'est pas sans conséquences, et on se trouve quand même devant un enfant à faire disparaître...

Mais voyons, au moment où elle a conçu cet enfant, il est évident qu'elle ne se préparait pas à le supprimer. Au contraire ! *Elle le voulait inconsciemment* de toutes ses forces. Elle s'est laissé piéger par son inconscient...

Car pourquoi aurait-elle oublié sa pilule ? Elle le dit d'ailleurs elle-même au médecin : « Je ne sais pas ce qui m'est passé par la tête ce soir-là. » Vous savez que, lorsqu'on dit : « Je ne sais pas ce qui m'a fait agir », on parle toujours de l'acteur invisible qui nous habite. Les erreurs en ce qui concerne la venue d'un enfant nous laissent présumer que, dans bien des cas, c'est l'inconscient qui l'a désiré.

D'ailleurs on a pu observer que beaucoup de femmes ont des désirs d'enfant nettement supérieurs au nombre de ceux auxquels elles donnent le jour. Une enquête de l'INSERM en 1980 révélait que quarante-quatre pour cent des femmes avaient moins d'enfants qu'elles n'en auraient souhaité ! Inversement, trente-six pour cent en avaient plus et seulement vingt pour cent étaient satisfaites du nombre d'enfants qu'elles avaient mis au monde. Le désir d'enfant est une donnée indépendante des naissances réelles, ce qui veut bien dire que le nombre d'enfants qu'on a dans la tête est un chiffre absolument imaginaire, venant de notre inconscient et peu souvent compatible avec la réalité.

Par exemple, une fille unique peut souhaiter avoir beaucoup d'enfants, parce que seule elle s'est ennuyée souvent, et elle veut créer autre chose... Cela vient tout droit de son enfance et rejoint le fantasme d'une autre femme qui, issue d'une famille nombreuse, veut au contraire avoir une famille réduite. La réalité imposera peut-être à chacune le même nombre d'enfants et le souhait restera vœu pieux. Elles en parleront parfois : « J'aurais bien aimé... » On pourrait dire dans une formule humoristique : les enfants naissent, le désir reste... Et même, de temps en temps, la femme fait un rapide retour en arrière sur ses désirs d'enfant : si j'en avais quatre ou cinq maintenant, comment est-ce que se présenteraient les choses ?

Notre inconscient est tellement têtu qu'il est difficile de le semer. Regardez cette jeune femme qui vient d'avoir son premier bébé, objet de tous ses rêves : on pourrait la croire comblée. Elle oui ! Son désir d'enfant inconscient non ! Puisque la voilà qui se met à penser au *suivant* qui sera certainement de l'autre sexe. Comme s'il manquait toujours quelque chose. L'inconscient n'est jamais content et nous fixe toujours de nouveaux rendez-vous : cette jeune femme « attend » déjà le suivant.

Les mots disent parfois autre chose que ce que nous voulions dire, que ce qu'il conviendrait de dire... Il y a des mots tout droit sortis de l'inconscient qui en disent plus long qu'une longue explication...

Par exemple, si vous dites « apparemment », c'est qu'en dessous de l'apparence il y a autre chose ; si vous le dites très souvent, c'est qu'il se passe en dessous quelque chose d'aussi important que ce que vous donnez à voir...

Quand vous dites « si vous permettez » en enlevant votre vêtement, vous n'utilisez qu'une formule de politesse courante entre gens bien élevés ; mais si, vous mettant à exposer un problème, les « si vous voulez » émaillent votre discours, il y a fort à parier que vous ne vivez qu'autant que les autres vous en donnent l'autorisation... et ça peut aller loin !

Cette jeune femme avec son bébé « suivant » signale que son désir d'enfant continue sa route, au-delà de l'enfant qui vient de naître, ce bébé ne suffit pas à combler le manque de cette femme.

Et son inconscient prend des formes détournées et emprunte les sentiers battus des désirs et des rêves les plus consciemment répandus. Elle a voulu un enfant pour constituer une cellule familiale, comme elle a voulu faire des études, se marier, etc. Maintenant elle en est à l'enfant. Quoi de plus normal que ce désir d'enfant ?

La vie est un long voyage où nous franchissons des montagnes, des océans, des déserts, avec des bagages dans lesquels se tient tapi et toujours invisible un personnage qui nous vient de l'enfance et qui malgré les années, malgré les situations nouvelles, se comporte toujours *de la même façon qu'avant.* Cela nous complique les choses, mais il faut bien avancer quand même avec notre inconscient ! et l'inconscient des femmes est plein d'enfants destinés à faire d'elles des mères !

Donner le jour à un enfant paraît la plupart du temps un projet évident et simple. Mais, en même temps que donner le jour, que voulons-nous *aussi* ? C'est là que les réponses diffèrent selon les individus et selon les femmes, puisque c'est d'elles qu'il s'agit ici.

Les motivations sont multiples. En voici quelques-unes : « Je veux faire comme les autres femmes » ; « Je veux être une bonne Mère » ; « J'espère qu'il sera plus heureux que moi » ; « Je n'imagine pas une famille sans enfants » ; « J'ai besoin de cet enfant pour consolider notre amour ». En voilà des réponses différentes (et je ne les ai pas toutes citées), en plus du fait de désirer, comme tout le monde, une famille ! Et parfois les raisons inconscientes priment sur les raisons raisonnables. Si l'inconscient s'en mêle trop, il peut y avoir discordance profonde quant à cet enfant à venir, qui du coup ne vient pas, l'angoisse s'étant levée et bloquant tout le système des neuro-hormones.

Ce que l'on peut affirmer, c'est que le désir d'enfant est un projet humain qui trouve sa réalisation lorsque le projet « inconscient » ne déborde *pas trop* sur le projet « conscient ».

Dans le déroulement d'une vie humaine, tout se passe bien dans la mesure où le conscient domine l'inconscient. Dans le cas contraire, l'individu n'arrive pas à vivre en harmonie avec lui-même : il souffre de névrose. Il y a des névroses qu'on peut appeler « névroses de conception », quand la femme attribue une trop grande importance au bébé, quand il doit représenter « autre chose » qu'un enfant nouveau. Il arrive en effet que la femme ne puisse pas donner le jour à ce qui ne serait que *réparation d'elle-même,* ou preuve de son identité de femme, mais nous y reviendrons tout à l'heure à propos de stérilité.

L'enfant, n'importe quel enfant, représente pour une part, un rêve *inconscient* en rapport avec notre propre enfance, et, pour une autre part, le projet conscient et réel de nous continuer dans un monde en évolution, donc imprévisible. C'est dans cette part de liberté que l'enfant trouve sa possibilité de vie quand il vient au monde. Inversement, vous pouvez imaginer le lourd héritage névrotique de celui qui vient remplacer un mort, ou qui vient servir de réparation pour un autre enfant handicapé. Ce sont des choses dont le conscient ne s'occupe pas, mais qui font trébucher l'inconscient du nouvel arrivant, à moins qu'il n'arrive pas du tout.

Le projet d'enfant le plus sain est celui qui repose sur l'idée de prolonger la symbiose de deux êtres qui s'aiment, sous la forme d'un enfant « à venir ». L'homme qui veut avoir un enfant avec une femme lui dit « Je reconnais ta lignée comme bonne et souhaite l'adjoindre à la mienne » et la femme qui veut un enfant de tel homme et pas d'un autre reconnaît également « le positif de l'autre » à transmettre. Le nouveau-né aura un peu du père, un peu de la mère et beaucoup de lui-même. Ses parents vivront *avec* lui, mais non *à travers* lui... ils formeront un trio.

Mais on ne peut éviter que le désir d'enfant ne soit, comme tous les autres désirs, « infiltré » d'inconscient : la plus ennuyée étant celle qui veut consciemment un enfant et ne voit pas pourquoi il refuse inconsciemment de venir.

En effet on peut vouloir consciemment un enfant et inconsciemment le refuser, comme on peut tout à fait vouloir éprouver dans son corps l'expérience de la grossesse, rare est la femme qui, à un moment de sa vie, ne succombe pas à l'envie de porter en elle un enfant, alors même que les conditions externes ne s'y prêtent pas. Beaucoup de ces grossesses seront d'ailleurs interrompues avant la fin (I.V.G.).

Une femme ayant passé toute son enfance auprès d'une autre femme qui la pouponnait et l'éduquait porte en elle, par *identification* pure, le projet d'être Mère à son tour, et les femmes d'aujourd'hui sont en train de nous prouver que, même sans le désir de vivre avec un homme, elles tiennent à avoir un enfant, quitte à en prendre seules la charge. Que de femmes, au moment où elles décident une grossesse, prévoient que l'homme ne restera pas et n'hésitent pas pour autant à concevoir un enfant qu'elles élèveront seules. Pour connaître l'enracinement de ce fantasme de Mère, il suffit de voir le désespoir et l'acharnement de celles qui ne peuvent pas le devenir. Une partie de leur vie de femme leur échappe ; elles ne seront jamais « comme » la Mère, elles n'auront que le maternage, si elles adoptent, mais non la maternité. C'est très dur d'enterrer un projet nourri dès le plus jeune âge : souvenez-vous de la petite fille avec sa poupée, ses berceaux, etc. Elle a joué un rôle en attendant de le vivre, et elle ne pourrait pas le vivre ? Jamais une femme ne se remet tout à fait de sa stérilité, excepté si elle la transforme en *autre chose* : idéalisation du rôle parental sous forme d'adoption ou toute autre création (artistique, pédagogique, philanthropique...).

Inconscient et stérilité

La stérilité psychique n'a pas qu'une seule cause : elle est en général due à tout le réseau de sentiments « inconscients » avec lesquels une femme a toujours vécu, sans être dérangée dans sa réalisation personnelle. Mais là, au moment de devenir mère, *bon objet pour un autre,* un rouage se grippe. Cette femme en général n'a pas le sentiment profond de pouvoir être une bonne mère... Ce sont ses sentiments profonds qui sont en jeu, non ses actes visibles !

Elle a aujourd'hui le sentiment d'une injustice, mais cette injustice ne date pas d'aujourd'hui... Il y a longtemps qu'elle craint de ne pas être comme les autres, tout simplement parce qu'elle fait partie de ces petites filles qui n'ont pas *convenu* aux désirs de leur Mère, il y a plus de vingt ans.

L'enfant qui ne vient pas est encore une preuve qu'elle n'est pas comme il faut, qu'elle ne convient toujours pas au désir des autres. Il s'agit maintenant de son mari qui, lui demandant de faire un enfant, ne fait que prendre la place de sa Mère dans l'inconscient... La logique inconsciente exige qu'elle n'ait pas d'enfant; donc il ne vient pas.

Les sentiments qui coupent la route de la conception sont toujours des sentiments d'inaptitude éprouvés autrefois avec les parents, le plus souvent la Mère, mais parfois aussi le Père...

La jeune femme a laissé en suspens une relation plus ou moins névrotique avec ses parents et bien que mariée et apparemment émancipée, au fond d'elle tout est resté comme avant et ses désirs inconscients sont toujours en dépendance ou en opposition avec ceux de ses parents : cet enfant pourrait faire partie de la *dialectique familiale ancienne* alors qu'on le croit signifiant dans le *couple actuel...* Jusque-là la femme avait réussi à surmonter ses problèmes psychiques, mais maintenant, devant la panne de son corps, elle se sent « dépassée ». Et elle l'est, par son inconscient !

Cet inconscient s'exprime somatiquement, mais si on peut corriger les maladies de peau, soulager les migraines, atténuer les angoisses et déclencher médicalement une ovulation chez celle qui n'en a pas, on ne peut pas toujours expliquer pourquoi, dans certains cas, la reproduction reste indéfiniment bloquée. Il faut reconnaître que bien des stérilités demeurent inexplicables, même – et peut-être surtout – pour la femme qui s'en plaint, comme d'un symptôme étranger. Comme d'une maladie à virus, alors que le virus réside à l'intérieur de son inconscient. Il ne reste plus que la psychothérapie pour aider cette patiente à apprivoiser son inconscient et à comprendre ce qu'il dit à propos d'enfant.

Peut-être, toute petite, s'est-elle juré de ne *jamais* ressembler à sa propre mère. Peut-être son mode de vie est-il la *différence* qui l'éloigne de sa mère et de toute autre femme, et peut-être aujourd'hui son corps lui refuse-t-il d'être « comme les autres ». Peut-être que faire un enfant serait *aussi* l'affaire de sa Mère... Peut-être cet enfant va-t-il représenter l'enfant qu'elle n'a jamais pu faire avec le Père mais qu'elle ferait *pour* lui.

Quand cette femme réussit à être enceinte, sa grossesse est habitée par la hantise de porter un enfant « pas comme les autres », c'est-à-dire « anormal » (combien de femmes d'ailleurs, sitôt l'enfant hors de leur ventre, demandent à ce qu'on vérifie bien qu'il a tout ce qu'il faut, comme si elles avaient eu peur de transmettre leur *différence intérieure* au corps de l'enfant !).

Toutes sortes de sentiments inconscients chez la femme peuvent empêcher son corps de faire ce qu'elle veut consciemment, dans sa tête, et la lutte qu'elle mène pour avoir un enfant est, dans bien des cas, une lutte contre elle-même... L'inconscient d'une femme stérile est souvent son pire ennemi, impossible à atteindre du dehors, et qui lui apparaît comme un traître envers elle.

Ce que l'on peut dire, c'est que plus la femme s'acharne consciemment à obtenir ce que l'inconscient refuse, plus la stérilité paraît incontrôlable, échappant à toute logique médicale... L'angoisse fait son apparition, signalant un conflit conscient-inconscient. Le seul remède consiste à ne pas focaliser uniquement sur la venue d'un enfant, et à trouver une solution de rechange qui dérivera l'inconscient sur une autre piste. Il arrive souvent que l'idée de l'enfant ayant été abandonnée par le recours à l'adoption, l'ovulation se remette tranquillement à fonctionner et que la femme conçoive un enfant alors que tout désir est transporté ailleurs.

Parfois aussi, il se peut que le couple soit en danger de rupture et que seul un enfant semble pouvoir établir un lien entre l'homme et la femme qui se savent menacés de séparation... Et cet enfant salvateur ne vient pas. La situation ayant évolué et le divorce étant engagé, l'angoisse étant tombée et l'enfant ne représentant plus une *urgence*, il est conçu lors d'une rencontre imprévisible... Les ruses de l'inconscient sont innombrables, et notre volonté est bien « insignifiante » à côté des décisions sans appel prises dans notre jeune âge à l'intérieur de notre corps qui a une sacrée mémoire !

En effet, l'inconscient s'exprime souvent à travers le corps, mais c'est lors du refus de produire des hormones que cela est le plus visible.

Je peux vous raconter une anecdote qui va vous surprendre. J'ai moi-même, sans le savoir et sans le vouloir, déclenché l'ovulation d'une anorexique rétive devant les projets d'enfant de son mari. Étant venue m'expliquer à quel point toute conception d'enfant lui était impossible de par le corps – utérus infantile et rétroversé, scoliose du dos, déformation du bassin –, elle finit par me dire à quel point tout cela l'arrangeait bien, car, comme toute anorexique, elle aurait eu horreur de se voir « grosse ». Je répondis alors négligemment qu'elle n'avait pas de souci à se faire, car tant qu'elle penserait ainsi, aucune ovulation ne saurait se déclencher... à moins... à moins d'une psychothérapie longue, très longue.

Elle partit rassurée pour son corps mais inquiète qu'une autre femme (moi) aille dans le même sens qu'elle, puisque tout son effort la poussait toujours a s'opposer au désir de quiconque et surtout de son mari. Un mois après, j'appris par le mari ébahi qu'elle était enceinte ! Et elle donna le jour à un enfant parfaitement constitué.

Le désir de s'opposer à une parole de femme avait été plus fort que celui de s'opposer au désir de son mari...

Vous voyez à quel point l'inconscient peut réagir à l'insu de l'individu et bloquer par angoisse les phénomènes les plus naturels.

Il suffit de voir la joie de celle qui apprend qu'elle attend un enfant pour comprendre que cette joie est grandement composée d'éléments inconscients. Car enfin, faire un enfant, ce n'est pas un miracle ni un exploit, ni même un événement exceptionnel : c'est un événement quotidien qui peut se reproduire plusieurs fois dans une vie.

C'est donc, en plus de la décision consciente et organisée, pour des raisons inconscientes que la femme exulte :

1° Elle va prouver à tous qu'elle est bien une *femme*. Vous savez que, depuis son plus jeune âge, elle cherche à prouver par tout son corps qu'elle est « féminine » autant que l'est sa mère... Si les règles sont la première vraie preuve de féminité, elles sont tenues secrètes et ne représentent que la moitié du fonctionnement d'un corps de femme. L'autre moitié, qui la complète enfin et qui la révèle aux yeux de tous, c'est la présence de l'enfant. Le langage courant le dit bien : les femmes « se voient » femme une fois par mois, mais c'est quand elles ne voient plus la couleur de leurs règles qu'elles « voient » l'enfant possible, et que leur féminité devient triomphante.

2° Elle va porter l'enfant qu'elle imagine depuis des années et qui sera... plus heureux qu'elle, plus riche qu'elle, plus aimé qu'elle, etc. Le fantasme devient rêve possible et magnifique. C'est, disent les psychanalystes, « l'enfant imaginaire », le fruit de notre imagination qui a pris corps dans le ventre de la femme. Elle est tout émue de porter la merveille qu'est *son* enfant et qu'une vie merveilleuse attend. Les parents souhaitent toujours à leurs enfants le paradis qu'ils n'ont pas eu. Cet enfant peut rester imaginaire jusqu'à la première échographie, comme je l'ai déjà dit, ou jusqu'à ses premiers mouvements, vers la fin du quatrième mois. Là sa présence devient réelle et la femme passe de l'enfant *rêvé* à l'enfant *attendu.*

3° Elle connaît alors la joie unique de vivre vraiment avec quelqu'un, de ne jamais plus être seule, *ne jamais plus être « vide »*, ne jamais plus être sans but puisqu'il « est » là.

Le temps de sa grossesse, elle vit pour un autre et au *nom d'un autre* qui a le droit d'être heureux, n'est-ce pas merveilleux pour certaines femmes dépréciées, mal aimées, ayant peur de mal faire ? L'enfant n'est-il pas vu par tous comme *bien* ? Enfin la femme a fait quelque chose de *visiblement* bien et elle se ressent comme une femme *sûre* d'être ce qu'il faut être. Il y a des femmes qui ne prennent de décisions qu'à ce moment-là ; la décision c'est l'autre, à l'intérieur, qui a le droit de la prendre. Il y a des femmes qui n'ont de rapports sexuels agréables que le temps de la grossesse ; lui, le petit, il a droit de *jouir.*

Je n'en finirais pas de dire à quel point une femme peut être transformée pendant sa grossesse. La gynécologue vous dira que c'est hormonal, la psychanalyste pense que c'est aussi psychique.

4° Elle va rejoindre par cet enfant, par ce ventre plein, la mère qui, elle, va devenir « grand-mère » par sa fille. *Enfin la fille rattrape la Mère*, longtemps indépassable et la rejoint par toutes ces sensations nouvelles que seule la Mère connaissait.

La première grossesse, c'est le point de *rencontre* ou de retrouvailles entre la Mère et la fille après un long cheminement parfois fort différent de ce que la Mère aurait voulu. L'enfant, certes, fait partie du plan et des souhaits de la Mère, mais il ne peut venir que par la volonté de la fille. Pendant le temps de la grossesse, elles peuvent enfin réaliser toutes deux le même rêve! L'opposition entre elles cesse et cède la place à une nouvelle sororité... Elles parlent, rient, font des achats ensemble, on dirait qu'elles ne se sont jamais quittées, alors qu'elles ont lutté l'une contre l'autre, parfois pendant de longues années!

C'est souvent le seul moment de la vie où une fille rencontre vraiment « l'Autre femme », sa mère, sans craindre d'être dépossédée de ce qu'elle a et qui appartient au couple. Autrefois dit la mère. Autrement dit sa fille... À cause de l'autre qui est entre elles, tout est devenu « commun ».

Parfois, c'est moins gai, car la fille en profite pour régler son compte à la Mère et lui faire sentir qu'elle la tient à distance, que, maintenant, c'est elle qui tire les ficelles. La mère n'aura rien de cet enfant, rien à propos de quoi se réjouir, rien à raconter. La route est fermée, barrée à tout jamais : le désir de la mère pourrait encore *vider* la fille, la déposséder de cela *aussi*. Ce n'est qu'après la naissance qu'on lui apprendra la nouvelle. Il y a des retrouvailles impossibles avec des Mères dévorantes et les filles le savent. Pour ces femmes, l'attente de l'enfant, c'est l'endroit où elles se *vengent* de la Mère. C'est la Mère qui est maintenant sous condition.

Baby-blue et post-partum

Pendant sa grossesse, la femme peut atteindre un état d'équilibre par rapport à la Mère et aux autres femmes, qui introduit enfin pour la première fois le sentiment d'être « comme les autres ». Ce sentiment pourra rester par la suite dans la vie de la jeune mère, lui permettant d'avoir des relations très agréables avec les autres femmes. Mais il pourra disparaître et, le taux d'hormones étant brusquement tombé, dira la gynécologue (le rêve se séparant de la réalité, dira la psychanalyste), la femme retournera brutalement à son sentiment d'être seule, *vide*, triste et ce sera la dépression après une trop grande joie.

Le baby-blues ou post-partum est d'autant plus certain que la femme avait été transformée par sa grossesse. Son état a trop brusquement varié et elle regrette de ne plus être *habitée,* de ne plus pouvoir vivre *à travers l'autre,* de ne plus pouvoir donner des nouvelles de *l'autre* à la place des siennes. Cet enfant lui avait donné le droit de *vivre* pendant neuf mois et elle vient de le perdre. Elle se retrouve comme avant et même pire qu'avant, car elle sait maintenant ce que recouvre la sensation de *vivre.*

On pense souvent que ce genre de dépression est dû à la chute brutale des hormones, mais alors comment expliquer que la plupart des femmes n'y soient pas sensibles ? Le baby-blues ne concerne qu'une minorité de femmes. Comment l'expliquer, sinon par une structuration inconsciente différente ? Et comment expliquer l'état de surexistence de certaines femmes pendant le temps de la grossesse, par rapport aux autres ?

Il y a des femmes qui, « inconsciemment », aiment être pleines parce qu'elles se sentent particulièrement seules et *vides*. Ce sont souvent les clientes de l'I.V.G. qui ne résistent pas au désir de concevoir l'enfant auquel elles savaient bien qu'elles ne pouvaient faire face et qu'elles devront faire disparaître. Malgré l'opposition du corps médical, il y a eu, il y aura et il y a des interruptions de grossesse...

Accouchement et naissance de la parentalité

Nous avons parlé du désir d'être enceinte qui touche toute femme, de la grossesse qui la multiplie par deux, et de la tristesse de certaines quand l'enfant sort, mais nous n'avons rien dit de l'accouchement et des sentiments qui l'accompagnent.

Ce moment ne représente pas une mise entre parenthèses de l'inconscient, bien que les phénomènes physiques prennent la première place et *obligent* la femme, quoi qu'elle puisse en ressentir, à éjecter l'enfant hors d'elle.

La fin de la grossesse handicape tellement l'activité habituelle de la femme qu'elle ne peut que souhaiter, tout à fait *consciemment,* être bientôt délivrée de ce fardeau. C'est pourquoi elle compte impatiemment les jours qui la séparent du jour J, prévu dès la première consultation, il y a neuf mois !

Cependant la plupart des femmes ressentent une crainte ancestrale transmise de femme à femme depuis ÈVE, une crainte d'accoucher dans la douleur... et parfois cette appréhension empêche la femme d'éprouver pleinement l'émerveillement de faire sortir d'elle un être vivant. C'est cependant ce privilège-là que les hommes nous envient, c'est à cause de cela qu'ils nous veulent pour toujours, ligotées à ces enfants qu'ils ne peuvent pas « enfanter »...

Donc l'accouchement est douloureux et peut durer longtemps. Mais voilà que, depuis ces dernières années, la science vient à notre secours avec des moyens d'accélérer le processus et des moyens d'enlever toute douleur. L'accouchement « sans douleurs » n'est pas celui qui nous apprend à dominer la crampe douloureuse, mais celui où on supprime la douleur elle-même. En tant qu'analyste, je ne peux qu'être « pour », car nous ne devons pas avoir de ressentiment à l'encontre de cet enfant qui nous a fait souffrir. Ce serait commencer la vie avec lui dans le reproche, en le culpabilisant, et vous savez que la culpabilité est un mauvais moteur éducatif. Je souhaite donc que cet enfant ne procure que joie à ceux qui l'ont désiré, attendu, et enfanté !

Mais, en plus de la crainte de souffrir, qui peut refréner l'envie d'accoucher bientôt, un autre frein, plus insidieux, fonctionne chez certaines femmes. Plus elles auront aimé vivre leur grossesse, plus elles auront eu l'impression d'être dans un nirvâna avec l'enfant à l'intérieur d'elles, et plus l'accouchement aura du mal à se déclencher. En effet, *consciemment,* elles veulent voir leur enfant, mais *inconsciemment,* elles voudraient qu'il ne les quitte jamais.

Parfois le médecin, jugeant que le bébé a atteint le terme prévu et que la grossesse ne pourrait se prolonger sans dommage, décide de provoquer médicalement l'accouchement. Rendez-vous est pris pour tel jour à l'hôpital et, devant cet ultimatum qui ne laisse aucune chance à la symbiose corporelle mère-enfant de se prolonger, il n'est pas rare que les contractions utérines se déclenchent d'elles-mêmes. Et c'est une parturiente qui se présente à la maternité... Coquin jusqu'au bout cet inconscient ! Et tellement puissant ! Ne permettant au corps de produire l'ocytocine nécessaire que lorsque la séparation devient inévitable sur le plan conscient !

Il est heureux que le corps médical vienne s'interposer ainsi entre mère et enfant. Et tant pis pour la grossesse interminable que souhaitait l'inconscient de la mère ! Le père, lui, se montre impatient de faire connaissance avec son enfant et lors de l'accouchement le père est enfin là où il *doit* être ! Après neuf mois de cache-cache à travers le ventre féminin, le père va *voir* son enfant. La mère a eu le privilège de sa grossesse, le Père, ce jour-là, a celui de reconnaître et *d'adopter* cet enfant qui devient « enfant des deux » et prend enfin le sens qu'il avait lors de sa conception : un lien de chair durable entre un homme et une femme, la concrétisation de l'amour entre humains. On ne peut pas aller plus loin dans le mélange de deux vies.

Le Père, bien qu'il n'y soit pas tenu, aura intérêt à aider de ses mains à la sortie de l'enfant. Il est intimidé devant ce miracle, et il craint de ne pas savoir s'y prendre. Mais il saura tenir cet enfant parce qu'il l'*aime* déjà comme lui-même : nous savons en général tenir nos enfants parce que nous les aimons et le Père ne fait pas exception. Père et Mère s'entraideront pour mettre au monde leur enfant comme ils auront à s'entraider dorénavant en tant que parents responsables.

Si la mère a pris quelques longueurs d'avance dans l'intimité avec l'enfant, c'est maintenant au tour du père de rattraper le temps perdu en changeant le bébé, en lui donnant le biberon le plus souvent possible. Il découvrira alors les joies de s'occuper d'un enfant, l'inquiétude quand il pleure, l'envie de le satisfaire et la tendresse éprouvée envers ce petit corps livré aux parents et dont le bonheur leur appartient. Je pense que le nouveau Père, espèce trop rare encore, constitue là un lien parental et protecteur qui écarte tout désir qui ne serait pas lié au bien de l'enfant (les rapports incestueux père-enfant dénotent une absence de relation affective et parentale du côté du père).

La mère est arrivée à la clinique, consciente d'avoir un « travail » à faire, un travail de vie, et c'est bien ainsi qu'on appelle d'ailleurs ce temps de l'accouchement où la mère aide l'enfant à émigrer hors d'elle.

Et hors de la mère, qui attend avec son inconscient cet enfant, sinon le père ? Qui n'a pu que l'imaginer pendant neuf longs mois.

Alors que la femme le portait déjà en elle, le connaissait de l'intérieur depuis longtemps, l'homme va le jour de la naissance, au moment de l'expulsion, le « voir », le « reconnaître », couper le cordon et prendre contre lui celui dont il a tellement rêvé !

C'est bien le rôle du père que celui de couper le cordon ombilical qui relie l'enfant à la mère donc au passé, et c'est encore au père d'ouvrir ses bras protecteurs pour servir d'abri tout au long d'une vie... Dorénavant l'enfant sera passé de bras en bras comme si chacun voulait lui donner quelque chose de soi, quelque chose d'humain qui lui serve d'appui.

Le fœtus n'avait qu'un lieu de vie : le ventre de sa mère, le bébé aura plusieurs lieux de vie et un seul abri contre tous les dangers : le corps de ses deux parents adultes.

Ils sont arrivés à la maternité à deux, ils en repartent à trois, chacun ayant subi une mutation importante : la mère ayant déposé son fardeau et renoncé à la vie à deux avec l'enfant, le père ayant accepté la charge d'une vie à trois, et l'enfant débutant son autonomie dans un monde inconnu, celui de la pesanteur... Le seul lien commun à ces trois-là n'est-il pas l'inconscient qui a mené la danse entre cet homme et cette femme et aujourd'hui cet enfant ?

Chapitre 6

Contraception

Nous avons parlé de l'enfant comme fruit d'un rêve longtemps caressé par chaque femme, enfant qui vient ou ne vient pas, selon que l'inconscient le veut ou non. Nous envisagerons maintenant ce que fait l'inconscient, quand la femme refuse consciemment l'enfant et qu'elle interpose, entre le rapport sexuel et lui, une contraception.

Ce comportement de refus temporaire de l'enfant laisse supposer que la femme a d'autres désirs à satisfaire avant de songer à l'expérience que toute femme veut connaître. Elle a pris conscience qu'elle ne se réduisait pas à un utérus dont la fonction était de porter des enfants et qu'elle avait envie de se procurer par son travail une certaine place dans la société, en employant d'autres capacités, d'autres compétences, que celles de la reproduction.

La contraception figure au programme de toute femme qui estime n'avoir pas momentanément à sa disposition, ou ne pas remplir les conditions requises pour rendre un enfant heureux.

Elle est employée aussi bien par la femme jeune et célibataire qui change souvent de partenaire, que par celle qui vit une longue période d'essai avec un compagnon, ou encore par la femme mariée qui a eu le nombre d'enfants qu'elle souhaitait et qui verrait un nouvel enfant comme un handicap à l'épanouissement de sa carrière.

Toutes les femmes contraceptées ont en commun un point de vue semblable vis-à-vis de l'enfant : il n'est pas *tout* dans la vie, il est le *plus* que l'on peut s'offrir, quand les conditions matérielles pour le recevoir sont réunies. C'est dire que les femmes qui recourent à la contraception sont celles de pays évolués, où l'on atteint par son travail une certaine aisance et où la nécessité de survivre n'est plus l'objectif primordial de la population.

Les pays développés, dont nous sommes, ont depuis longtemps, en ce qui concerne l'enfant, substitué à l'idée de « fatum », celle de « désir »... et ce désir tient compte à la fois de l'intérêt des parents et de celui de l'enfant, c'est-à-dire que sa venue doit être compatible avec la vie professionnelle et sociale des parents.

Le freudisme et le féminisme nous ont influencées. Et le bien-être et l'amour dus à l'enfant ne doivent pas entraver l'épanouissement des parents.

La femme d'aujourd'hui ne procrée que dans la mesure où elle le désire vraiment, mais, ce faisant, elle se met en position d'accueillir « favorablement » l'arrivée de l'enfant, ce qui, psychanalytiquement, ne peut être que bénéfique à l'enfant lui-même.

De même que son histoire avec l'homme est devenue « roman d'amour », de même sa maternité devient affaire de « désir » et nous avons vu comme le désir d'enfant fait partie de l'inconscient de toute femme à des titres divers. Il faut noter qu'en ce qui concerne la contraception, la femme paraît beaucoup plus engagée que l'homme... Dans la procréation, acceptée ou refusée, c'est la femme qui, prenant les moyens, a également pris le pouvoir. Il n'y a plus d'enfant que « désiré » par la mère et parfois le désir ou le non-désir de l'homme n'entre même pas en ligne de compte. La femme est ainsi passée en peu de temps *d'esclave du désir de l'homme* à *maîtresse des conséquences* du rapport amoureux.

On peut poser la question : est-ce que la contraception ne change pas quelque chose à l'amour ? Effectivement, l'enfant imaginaire étant « barré » par la contraception, certaines femmes, dont le fantasme amoureux est de recevoir un enfant de l'homme, peuvent éprouver une jouissance moindre. Le risque attaché à l'amour était pour elles bénéfique sur le plan inconscient... Ce risque – ou cette chance – d'une symbiose prolongée par un enfant leur échappant, la symbiose leur paraît moins totale... Il y a et il y aura toujours des gens qui trouvent les choses d'autant plus intenses qu'elles sont plus risquées... C'est ainsi que certaines femmes, amoureuses d'hommes impossibles pour elles, refusent toute protection et vont jusqu'à attendre un enfant. Quitte à le faire disparaître par la suite, puisqu'il est impossible à faire naître dans la réalité... Enfant de rêve... Venu d'un amour impossible, d'autant plus intense qu'il réveille des passions infantiles brûlantes pour des adultes autrefois « interdits »...

L'interdit, le rêve impossible, sont des composantes qui peuvent donner à l'amour le visage de la passion...

Pour d'autres femmes, moins orales et moins attachées à recevoir quelque chose de leur partenaire qu'à éprouver elles-mêmes l'intensité de leur fusion avec l'autre au cours de l'orgasme, l'enfant imaginaire est un contre-orgasme et la contraception leur rend toute liberté de se fondre délicieusement en l'autre. Le rêve consiste à être *un seul* pendant quelques secondes ou quelques minutes et, le rêve étant atteint, le désir meurt de sa propre satisfaction pour un instant... Jusqu'à ce que nous revenions sur terre, ravis d'avoir été aussi loin, désolés de nous retrouver « deux » et attendant déjà la prochaine échappée au pays de l'unicité amoureuse. Ces femmes-là n'ont rien à craindre de la contraception, car ce qui est imaginaire ce n'est pas l'enfant, mais la symbiose de corps avec l'autre.

Toutes les contraceptions n'ont pas le même effet psychologique.

Et la réaction psychologique est d'autant moins marquée que la contraception n'est pas directement imbriquée dans les gestes positifs de l'échange amoureux. Ainsi la pire des contraceptions sur le plan psychologique est évidemment le retrait qui empêche l'un de donner, l'autre de recevoir et laisse les partenaires complètement frustrés de l'échange tant rêvé. La contraception est d'autant moins gênante qu'elle prend place loin du rapport sexuel et que sa présence comme barrage à une symbiose prolongée des corps peut plus facilement s'oublier.

Tout contraceptif du dernier moment, toute manipulation extérieure aux gestes de l'amour (ovules, éponges, gels pour la femme, préservatifs pour l'homme) ne peuvent que déranger l'imaginaire, et nous nous rendons bien compte à quel point toutes les campagnes de sensibilisation en faveur du préservatif s'acharnent à le présenter comme un objet favorable, protecteur de la vie et ennemi de la mort... Les partenaires devant intégrer cet objet comme « bon » appartenant à celui qui aime vraiment et ne voulant apporter que du positif à la relation.

Nous voyons donc que la contraception ne laisse pas indifférent l'inconscient et que la femme peut en éprouver une modification de sa relation sexuelle, en plus ou en moins de jouissance. Effectivement, si nous nous souvenons que la réussite physique du couple est fondée sur l'axiome inconscient « Je *veux* ce que tu *veux* », lequel devient chez la femme « Je *veux* recevoir ce que tu *veux* me donner », il est évident que, la possibilité de l'enfant étant enlevée, ce qu'elle *veut* recevoir ne peut être que la jouissance. La contraception établit *l'orgasme* comme but essentiel du coït et la sexualité devient le support du couple et le lieu principal de *demande inconsciente.*

Autrefois, une femme frigide avait des enfants et ne s'inquiétait pas autrement de sa frigidité. Aujourd'hui, la contraception ayant permis de reconnaître comme but de la vie à deux, au même titre que l'enfant, la réussite de la vie sexuelle, une femme qui n'arrive pas à l'orgasme avec son partenaire en éprouve une inquiétude certaine. Et son partenaire aussi.

La contraception va de pair avec l'autonomie de la jouissance; elle sépare clairement « plaisir » et « procréation » qui ne cheminent plus de concert que pendant les quelques mois où le couple souhaite avoir un enfant.

La jouissance partagée est devenue le ciment du couple, l'enfant n'étant qu'accessoire... Nous assistons à un bouleversement absolu des valeurs qui s'est produit en l'espace de trente ans à peine. La vie d'une femme ne se résume plus à troquer le rôle de fille contre celui de mère. La vie d'une femme passe désormais par sa réussite sociale et professionnelle, par la couleur de ses amours, par les joies de ses maternités

Sans contraception, la femme n'aurait pas pu accéder à tant de libertés, ce n'est pas le travail qui signe la vraie liberté de la femme, mais la possibilité de ne plus être l'esclave ni de l'amour ni des enfants. Les femmes ont fait leur premier pas vers l'autonomie, avec le libre accès à la contraception. Nous savons que toutes les religions ne l'acceptent pas, dans la mesure où elle ne respecte pas le cycle « naturel » de la femme et risque de la tirer de son état de soumission... La culture n'est pas toujours l'amie de la nature, mais l'évolution ne se fait qu'en domestiquant la nature...

Au même titre que Galilée, Newton et Pasteur, Pincus en découvrant le cycle hormonal et son fonctionnement a été à la base d'une grande évolution humaine. Non seulement nous ne sommes plus « l'objet » de nos hormones, mais ce sont elles qui nous permettent d'accéder à la liberté. La méthode contraceptive orale par pilule permet d'une part au couple d'organiser sa reproduction et d'autre part aux jeunes de pouvoir essayer la vie à deux sans en subir les répercussions. Toute la vie des femmes très jeunes et moins jeunes en a été transformée, car le mariage a cessé d'être une « obligation » pour devenir « décision libre ».

La sexualité de « devoir » est devenue « plaisir », les lois de ce plaisir ont été recherchées par les sexologues qui ont largement contribué à ce que la femme prenne sa part en ce domaine comme dans les autres, au côté de l'homme.

Nous sommes loin, désormais, de la conception machiste et freudienne d'une femme « vaginale »... qui convenait si bien à l'homme. Et c'est des femmes que vient le mouvement contre l'excision pratiquée sur d'autres femmes dans d'autres pays.

Les femmes trouvent intolérable de voir certaines de leurs sœurs « castrées » de leur pouvoir de jouissance en même temps que contraintes à crouler sous le poids de grossesses et d'enfantements à répétition. La contraception, qui permet de revendiquer la jouissance et libère la sexualité, est également un fait de culture qui protège (ou pourrait protéger) le monde de la surpopulation et du sous-développement.

C'est donc une étape nécessaire à l'équilibre planétaire... et c'est une des premières choses qu'apporte la civilisation aux peuples sous-développés. Nous ne sommes plus dans les temps anciens où l'homme prenait l'enfant pour un cadeau des dieux et ne voyait pas en lui le rapport avec le coït...

Quant à la stérilisation définitive chirurgicale de la femme elle n'est pratiquée dans nos pays que sur des femmes qui en font la demande, qui ont déjà des enfants et qui ont plus de quarante ans, donc des femmes qu'en réalité cela ne va priver de rien. Mais le fait que la demande soit consciente et la procréation peu vraisemblable, n'évite pas à l'inconscient de s'inquiéter de ce qu'il ne pourra plus *rêver*... et n'empêche pas la femme, à la veille de l'intervention, de ressentir une angoisse liée à l'idée de perdre une des caractéristiques de la féminité, donc quelque chose qui touche à son identité inconsciente. Là comme dans l'I.V.G., c'est la raison qui fait agir, mais l'inconscient n'en souffre pas moins quelque part. Il ne faut donc pas s'étonner des sentiments contradictoires qui peuvent se faire jour à l'occasion de la stérilisation ou de l'I.V.G. : il s'agit, dans les deux cas, de consentir à se castrer du plaisir, réalisé ou rêvé, de porter un enfant en soi, et c'est toujours difficile à assumer, avant ou après.

La stérilisation est un acte conscient et raisonné intervenant sur un inconscient dont la logique ne nous apparaît pas toujours et dont les réactions somatiques nous surprennent parfois : aussi ne vous inquiétez pas de l'envie de pleurer ou de partir en courant qui vous envahit au moment de décider du jour et de l'heure. L'inconscient déteste la réalité. Si le médecin, surpris, vous demande ce qu'il y a, ayez le courage de lui répondre : « Tout va bien, docteur, mais il *faut* que je pleure... »

C'est la défaite pour votre inconscient qui rêve tellement de symbiose, c'est lui qui pleure en vous... Mais ce n'est pas lui qu'il faut écouter ce jour-là.

Autre défaite de votre inconscient, l'I.V.G. qui vient arrêter le rêve le plus secret en vous : avoir un enfant avec l'homme que vous aimez...

Inconscient et I.V.G.

L'I.V.G., acte parfaitement *conscient,* vient annuler un acte *inconscient* qui pourrait être une impasse, pour la mère et pour l'enfant, mais l'inconscient était parfaitement logique en déclenchant une grossesse et la plénitude qu'elle représente. C'est à cause de cela que la femme a un air parfois hésitant quand elle demande au médecin de détruire ce qu'elle porte : elle est, au moment de sa demande, en plein conflit conscient-inconscient. Il n'est pas correct, pour un médecin, de jouer sur la corde sensible de l'enfant, au risque de faire gagner un inconscient irréaliste sur un conscient aujourd'hui décidé. Si la femme est venue jusque-là demander le contraire de ce que son inconscient réclame, croyez bien que ce n'est pas le moment de chercher pourquoi elle ne veut pas de cet enfant !

Elle n'en veut pas parce qu'elle s'est trompée, ce n'est pas un enfant qu'elle porte, mais un rêve due à son inconscient. Cette femme pleure l'impossibilité de rester « pleine ». Et l'homme médecin de triompher, en lui disant la célèbre phrase : « Madame, il fallait y songer avant ! »

Tout le monde ne voit pas les choses de même en ce qui concerne l'I.V.G., plus souvent assimilée à un meurtre d'enfant innocent... qu'à un acte courageux et humanitaire. Le recours à l'I.V.G., pour ceux qui ne font pas la part de l'inconscient, est inexplicable. Les hommes, en particulier, qui n'ont pas l'habitude de porter le fruit d'amours impossibles (qu'ils ont largement partagées), s'étonnent d'une telle demande de la part d'une patiente.

Jamais une femme n'est plus proche de son inconscient que lorsqu'elle dit à un homme : « Je voudrais tellement un enfant de toi. » Elle lui dit, en fait : « Donne-moi le BON objet que ne m'ont donné ni père ni mère... » C'est un privilège effarant et l'homme doit réfléchir à ce qu'il vient d'entendre, car c'est peut-être un lapsus jailli tout droit de l'inconscient de cette femme. Tout dépend du contexte. Pour l'instant la femme est « hors contexte », elle y restera le temps de voir que ses règles ne sont pas arrivées et que peut-être... Mon Dieu, est-ce possible ? Voyons n'avais-je pas pris ma pilule ce soir-là ? Elle compte fébrilement la plaquette de comprimés à prendre : il y en a plus que prévu ! Elle a donc oublié plus souvent qu'elle ne le croyait ! Vite le téléphone ! Vite, docteur ! Pour une maladie qui n'en est pas une : la maladie du plein. Vous savez bien ! la maladie d'enfant, en somme ! Et vous connaissez la suite... Des années après, cette même femme peut encore calculer mentalement l'âge qu'« il » aurait si elle l'avait gardé !

Dès le lendemain de l'intervention, elle peut être en pleine déprime : *vide* à nouveau. Tant d'angoisses pour rien ! Ce n'est pas drôle l'I.V.G., quoi qu'en disent les médecins, c'est triste ! mais tous les rêves ne peuvent pas devenir réalité !

Qui plus est, ce rêve-là s'interrompt publiquement sur une table d'opération, alors que nos rêves ne regardent que nous.

Je ne suis pas loin de croire que toute interruption de grossesse, chez une jeune fille, comme chez une femme, traduit en amont un besoin d'être « sûre » que le miracle de *l'enfant est possible.* Car s'il y a quelque chose qui est mis en doute, lors de la petite enfance de la fille, c'est bien son appareil génital dont personne ne lui souffle mot, qu'elle ne découvre qu'en partie et souvent par hasard. C'est peut-être pour cela que les femmes ont de temps en temps l'idée, à dix-huit ans comme à quarante, de vérifier qu'elles ont bien ce qu'il faut pour être femmes : elles veulent *voir* !

Les hommes fatigués de leur femme ne vont-ils pas quelquefois essayer si ça marche dans un autre lit que le lit conjugal ? À chaque sexe ses inquiétudes, n'est-ce pas ?

Le désir d'enfant est une chose terriblement complexe et pleine d'embûches, la jouissance sexuelle et l'enfant sont les deux rendez-vous qui changent une petite fille « angélique » en femme, et l'histoire génitale de la femme a quelque chose d'extrême : ou elle n'a *rien* ou elle a *trop*, ou elle n'*est* rien ou elle *est* trop ! Il n'en reste pas moins que nous restons toujours sous le coup de notre inconscient infantile, et que passer de la petite fille à la femme, c'est passer de l'insignifiance corporelle à l'hyper-signifiance maternelle ! C'est ce que dit notre inconscient depuis toujours...

Chapitre 7

Le passage

Il y a deux moments clefs dans le grand torrent de notre vie de femme. La puberté est l'arrivée tumultueuse dans l'écluse à plusieurs étages menant à l'instauration du cycle féminin, qui va durer trente-cinq ans environ, et la périménopause est le moment quelque peu agité où l'on se prépare à entrer dans le grand sas de la ménopause. Ménopause au cours de laquelle notre horloge intérieure change de rythme et prend celui qui gouvernera la femme dans la dernière partie de son parcours : un temps où elle ne compte plus pour VIVRE sur les charmes de son corps, mais plutôt sur ceux de son cœur et souvent sur la présence d'enfants qui lui permettent de « continuer » sa route comme auparavant. Le difficile dans la vie des femmes, c'est que les changements d'état sont brutaux et toujours en relation avec des changements du corps, dus eux-mêmes à l'affluence ou à la diminution des hormones féminines.

La femme avance par à-coups successifs et souvent par surprise, la surprise venant toujours du côté du corps, de sorte que cette femme doit régulièrement faire l'effort de s'adapter à sa nouvelle image : corps plat de l'enfance qui provoque tant de rages ; corps délié de l'adolescente dont elle ne sait que faire ; corps redoublé de la femme enceinte qui excite son goût à vivre ; corps magnifiquement épanoui de la femme de quarante ans qui s'enorgueillit d'être « femme » tant les regards la suivent ; corps qui s'alanguit, s'encoconne à la cinquantaine, comme s'il faisait des provisions pour une longue traversée. Effectivement, il reste encore environ trente ans à passer sans le secours des hormones. Autrefois, la vie nous quittait presque en même temps que les hormones, mais, depuis les progrès de la médecine, la vieillesse est devenue un âge à traverser au même titre que les autres.

La plupart des femmes ont passé leur jeunesse à attendre l'amour, leur maturité à rendre leurs enfants heureux autour d'elles, et c'est du dehors que leur est venue la réponse tant attendue : « Tu es aimée parce que femme, parce que mère... » Les hormones étaient là pour les rendre désirables et désirées, mères et infatigables auprès de leurs enfants et elles étaient heureuses parce qu'aimées.

La femme n'a jamais cessé de courir vers ce but qui fut celui de l'enfance : *être aimée*. En effet, tout dans la vie lui a été raison de se faire « aimer ». Elle a utilisé tous ses atouts féminins pour conquérir d'abord l'homme, puis l'enfant, qu'elle a même voulu garder entièrement de son côté, pour être sûre d'en obtenir l'attachement. Sa vie a été une course endiablée en vue de satisfaire tout le monde à la fois : on pourrait penser qu'elle attend le moment où enfin, les oiseaux partis du nid, elle va pouvoir se reposer... Mais quel repos peut ambitionner celle dont la seule attente est d'être reconnue « utile » et « indispensable » ? Ses enfants ont bien grandi, mais elle se veut et se croit toujours « l'indispensable maman de toujours » et son mari est si habitué à chacun de ses gestes, à chacune de ses paroles, qu'il ne se rend pas compte des efforts qu'elle fait pour garder à leur amour le visage des premiers jours. Il n'entend pas les sirènes d'alarme qui se sont mises à hurler depuis qu'elle a vu qu'elle ne rentrait plus dans sa jupe de l'année précédente. Il n'entend pas les : « Tu trouves que ceci me va mieux que cela ? Tu ne trouves pas que cela me grossit un peu ? » Lui il ne trouve rien, mais il l'aime comme une vieille amie, comme une équipière avec qui il a franchi mers et océans, il l'aime, mais pour lui c'est « naturel », voilà bien la grande différence entre homme et femme : pour lui l'amour est si « naturel » qu'on n'a pas besoin d'en parler. Pour elle, l'amour est un tel « miracle » qu'il mérite bien d'être signalé tous les jours comme existant.

Ce n'est pas parce qu'elle a quarante-cinq ou cinquante ans qu'une femme peut mieux s'accommoder d'un amour sans bruit, bien au contraire ! Plus les enfants s'éloignent, plus le duo de départ se reforme, plus la femme craint à nouveau de ne pas « être aimée ». L'horrible soupçon la reprend : et s'il ne l'avait épousée que par désir, s'il ne restait que par habitude ?

Le premier cheveu blanc, la première paire de lunettes, la première tache de son sur ses mains... Il n'en faut pas davantage pour que la femme imagine qu'elle a dépensé tout son capital de beauté et de jeunesse et qu'elle doit vite profiter des derniers éclats d'un corps qui va plonger.

Il lui faut des preuves, des preuves, qu'elle est toujours *désirable* et, comme ce n'est pas avec son compagnon de toujours qu'elle les trouve, elle se jette parfois à corps perdu dans l'escapade. Attention, lui disent ses amies, si ton mari venait à l'apprendre et demandait le divorce... Mais elle n'écoute rien ni personne ; d'ailleurs, elle est prête à divorcer si elle peut ainsi prolonger sa vie amoureuse. Le démon de midi s'attaque à la femme de quarante ou quarante-cinq ans dont les hormones commencent à donner des signes de fatigue. Cette femme devient plus nerveuse, plus inquiète, secrètement plus solitaire, elle commence à penser qu'il faudra un jour quitter la scène de ceux qui vivent, c'est-à-dire ceux qui aiment et sont aimés. Aussi va-t-elle tout faire pour se régénérer : l'amaigrissement et les crèmes antirides ne restent-ils pas, malgré les changements à l'Est ou à l'Ouest, les deux sujets principaux des journaux de femmes en tous pays ?

La panique de la femme qui voit sur son corps le premier signe de la vieillesse nous prouve à l'évidence que la femme ne fait confiance qu'à son corps pour *exister,* comme si les responsabilités endossées ailleurs ne l'avaient en rien assurée d'une autre valeur que physique. Nous voyons bien que l'homme, à mesure qu'il avance dans la vie, use de la valeur de ses années pour briguer des postes à hautes responsabilités. S'il perd sa jeunesse, au moins gagne-t-il la sagesse, ce qui est une valeur précieuse. Vient un moment dans la vie, où l'expérience dame le pion à la jeunesse. Mais cela n'est guère féminin, comme si la femme n'acquérait jamais le sens de sa valeur intérieure et gardait comme seul repère la beauté de la jeunesse. Ne retrouvons-nous pas là, intacte après tant d'années, la terreur de la petite fille de ne pas être « comme il faut » ou « comme les autres » et de devoir vivre comme au début « seule » parce que privée de ce qu'ont les autres ?

La périménopause

À n'importe quel moment entre 45 et 50 ans et parfois plus précocement, l'activité de l'ovaire commence à devenir défaillante, les ovaires vieillissants n'assurent plus aussi correctement leur fonction : l'ovulation ne se fait plus qu'irrégulièrement et le cycle mensuel de la femme devient plus ou moins fantaisiste.

Sur le plan hormonal, nous assistons, avec la dégénérescence de l'ovaire, à une moins bonne sécrétion des hormones. C'est la progestérone qui, à cette époque de la vie de la femme, vient la première à diminuer ou à manquer, alors que les œstrogènes sont encore à peu près correctement fabriqués. L'absence d'une hormone et la présence de l'autre créent chez la femme un déséquilibre physique, propre à cette période : l'hyperœstrogénie, qui se manifeste par des symptômes physiques bien particuliers et aisément reconnaissables :

- Gonflement et sensation de tension dans les seins.
- Gonflement et tension abdominale.
- Signes de rétention d'eau avec prise de poids.
- Hyper-sécrétion de glaire cervicale et donc présence de pertes vaginales incolores et non infectieuses.
- Changement de l'humeur habituelle avec apparition de : nervosité excessive, hyper-activité, irritabilité, insomnie et parfois hyper-appétence sexuelle.

Traitement de la périménopause

La progestérone va être le médicament de choix, car il faut apporter du dehors ce qui n'est plus sécrété par l'ovaire naturellement.

Ce traitement est facile : il est pris par voie orale pendant 10 jours chaque mois du 15ᵉ au 25ᵉ jour du cycle, il est bien supporté et fait disparaître comme par enchantement les perturbations dues au manque de progestérone. Il devra être poursuivi jusqu'à l'arrêt définitif des règles et remplacé alors par le traitement hormonal de la ménopause.

Si la femme a une contraception par voie orale, il est évident que, recevant chaque mois des doses minimes d'œstrogènes et de progestérone, elle peut franchir dans la plupart des cas allégrement toute cette période de déséquilibre hormonal, puisque la régularité des hormones lui est assurée de l'extérieur.

Ménopause et hormones

Ce sont les hormones qui font passer la fillette de l'état de neutralité infantile à l'état de femme désirable et ce sont elles encore qui, par leur arrêt lors de la ménopause, stoppent le désir libidinal chez la femme dès l'âge de cinquante-cinq ou soixante ans et la font retourner à la neutralité du corps, alors qu'elle a encore bien des années à vivre ! Les vivra-t-elle sans désir ?

Si le déguisement a été le premier réflexe de la petite fille pour lutter contre l'absence de signe féminin sur le corps, le maquillage et les bijoux seront la défense de la femme au-delà de la ménopause : plus on perd ses atouts naturels, plus on en affiche d'artificiels afin de maintenir, entre intérieur et extérieur, le même équilibre que celui auquel on est habituée... plaire et attirer le regard par le dehors.

Plusieurs fois au cours de sa vie, la femme doit accepter d'être « différente » de ce qu'elle était mais, quand arrive la métamorphose de la cinquantaine, elle sait qu'elle n'a aucune chance de se retrouver, ensuite, du bon côté des choses. Bien au contraire ! Ce qui explique sa difficulté à regarder vers son avenir : toute sa vie elle a espéré devenir plus femme, maintenant il lui faut assumer de l'être « moins ».

Il y a lors de la périménopause et de la ménopause un refus d'avancer au rythme du corps : la femme arrache ses premiers cheveux blancs, elle change de coiffure, elle court les salons d'esthétique, elle se voue aux régimes, croyant, par des soins redoublés, éviter le changement de ce corps qu'elle n'a jamais autant regardé que maintenant.

Certaines femmes aux alentours de la quarantaine se rendent compte tout à coup qu'elles n'ont pas joui de toutes les possibilités qui leur étaient offertes et qu'il leur manque un enfant... Elles se mettent en quête d'un géniteur en mal de rajeunissement et les voilà parties pour une nouvelle croisière avec l'attente d'un nouveau-né à 42 ou 44 ans ... D'autres se jettent dans le sport ou le body-building. Jamais cette femme n'a mis tant de zèle à l'entretien de son corps, c'est une lutte acharnée pour retarder le plus possible les effets de l'âge. C'est comme si la fée Hormona en la touchant magiquement de sa baguette à treize ans lui avait fait cadeau de la jeunesse et de la beauté pour une durée limitée et que, l'échéance se rapprochant, la femme essayait de conjurer la prédiction qui la concerne.

N'est-ce pas naturel de chercher à repousser les effets du vieillissement, surtout quand il vous atteint de façon précoce, alors qu'il reste des années à vivre auprès d'hommes dont la libido ne suit pas le même decrescendo brutal ?

N'est-ce pas une chance que la médecine par des progrès incessants, soit en mesure de nous proposer la transformation du prêt fait par Hormona en prêt à long terme ? Nous pouvons avoir accès au coffret mystérieux qui faisait partie de nos bagages, nous pouvons l'ouvrir et voir qu'il contient uniquement des hormones : les *œstrogènes* et la *progestérone,* dont ont dépendu pendant trente ans la fraîcheur de notre teint, l'égalité de notre humeur et notre courage à vivre malgré des cycles parfois bien embarrassants.

Nouvelles Èves, nous avons croqué la pomme du Savoir, nous avons appris à ne plus souffrir du caprice de nos hormones, appris à les gérer nous-mêmes et nous en obtenons une régularité qui s'accorde à la vie que nous menons auprès d'Adam qui, lui, passe progressivement de la jeunesse à l'âge mûr, puis à la vieillesse sans tambour ni trompette... Que de chemin fait depuis la condamnation du Paradis terrestre ! Nous enfantons au gré de notre désir, la souffrance promise nous est épargnée et, grâce au traitement de la ménopause par les hormones (le fameux T.S.H.), nous n'avons plus à craindre l'arrêt brutal de notre vie sexuelle à cinquante-trois ans !

À cette époque de la vie, entre quarante-cinq et cinquante ans, pendant la périménopause et la ménopause, les variations de l'humeur féminine sont souvent à mettre au compte de la chute hormonale qui vient aggraver une mutation psychologique déjà difficile à assumer.

On ne peut pas dire que toutes les difficultés de la ménopause disparaissent avec le traitement hormonal, mais il est un adjuvant nécessaire à la mutation psychique traversée par la femme, au moment où celle-ci doit changer son échelle de valeurs et découvrir d'autres chemins à parcourir que ceux qu'elle a empruntés jusqu'alors.

Cette femme sans hormones, je la connais, pour la voir régulièrement parmi les autres consultantes : elle porte dans son regard toute la lassitude du monde, elle en a assez de vivre « comme cela », c'est-à-dire pas comme les autres, sans entrain, sans désir, et pire, progressivement elle renonce (elle qui a passé sa vie à cela) à se faire aimer et à se croire aimée. En fait, c'est elle qui ne s'aime pas « différente » et « diminuée », alors que tous les siens, la plupart du temps, lui accordent le droit à ces petites rides autour des yeux, à ces taches de son sur les mains ; ils l'aiment pour ce qu'elle est. C'est elle qui n'a jamais pu se défaire de l'idée grandie avec elle qu'une femme n'est femme que si elle est BELLE... C'est elle qui porte la marque d'une éducation où elle a secrètement souffert d'une inégalité physique qu'elle a toujours craint, plus que tout, de retrouver et qu'elle doit maintenant affronter.

Ménopause et dépression

Le manque d'intérêt pour la vie s'installe insidieusement pendant la ménopause, et la femme n'ose en parler à personne. De quoi se plaindrait-elle ? Sa retraite va arriver, ses enfants viennent la voir, le chat et le serin sont toujours là... Que dire de sa déroute intérieure et à qui ? Les femmes semblent ignorer les effets du tarissement hormonal qui entraîne la chute de la libido et elles continuent apparemment la route comme avant, mais le paysage intérieur est parfois dévasté par un chagrin incompréhensible.

Je me souviens d'un après-midi d'automne où je recevais pour la première fois Mme X, je l'ai vue arriver avec l'air suppliant d'une enfant en panne, c'était une femme qui avait certainement été magnifique, avec un teint bronzé et des yeux clairs. Ses premiers mots furent : « Je ne *veux* plus et je ne *peux* plus vivre, je viens vous voir mais si vous ne pouvez rien pour moi je me suiciderai. » Contrat accepté, j'écoute d'abord les raisons de ce désir mortifère : à l'âge de soixante-cinq ans, ménopausée depuis cinq ans, elle n'avait plus aucun goût pour la « chose », que son mari, amoureux comme au premier matin, continuait de lui proposer... Elle ne pouvait plus regarder « ce » visage dans la glace, elle qui avait été si jolie. Du côté de l'intellect, même catastrophe : ancien prof passionnée de lettres toute sa vie, elle n'avait plus le courage de lire, même pas le journal... Les amies ? Terminé ! Elle ne voulait plus « voir » ou être « vue » par personne. D'ailleurs, personne ne la comprendrait : elle avait tout eu dans la vie ! J'avais devant moi l'*ombre* d'une femme très belle et très heureuse. Aucun signe névrotique avant soixante ans ! Que du bonheur depuis son mariage ! Je n'allais pas la prendre pour une dépressive.

Il y avait en elle quelque chose de dramatique et d'urgent qui me poussa à l'envoyer chez une gynécologue pour voir du côté des hormones... Petit sourire incrédule, mais c'était le contrat... Elle y alla...

Deux mois après cette unique consultation, je recevais une lettre libellée ainsi :

Chère Madame,

Je vous remercie infiniment de m'avoir aiguillée vers le Dr D. Lorsque je suis venue vous voir, je pensais qu'il me faudrait pendant des années refaire cette route jusqu'à vous, uniquement pour vous parler puisque je vous savais psychanalyste ! Non ! Vous avez eu l'honnêteté de me dire que tout ce qui m'arrivait depuis cinq ans était peut-être une affaire hormonale. Je suis donc allée voir le Dr D. qui, aussi honnête que vous, mais dubitative sur le résultat, vu la longueur du temps écoulé depuis ma ménopause, m'a mise au traitement hormonal de la ménopause.

Moi je ne pensais qu'une chose : c'était ma dernière chance; au-delà de la mort... Eh bien, je REVIS, le premier mois de traitement a été un peu difficile, mais le deuxième se passe merveilleusement bien et je me suis ENTIÈREMENT retrouvée, marchant des heures dans les collines le matin, nageant dans ma piscine à 12 o seulement ! Une résurrection ! J'ai retrouvé mon dynamisme, ma joie de vivre et surtout mes passions.

Merci !

Cette femme intelligente ne refusait pas la vieillesse comme un âge honteux et sa lettre le prouvait largement, elle avait refusé ce que beaucoup de femmes refusent : la honte de perdre ses moyens *brutalement...*

Et c'est là que les hormones représentent un atout considérable pendant quelques années, le temps de s'installer dans une autre vie : celle du troisième âge qui n'est pas faite que de difficultés !

Le psychanalyste seul ne peut pas rendre à la femme ménopausée ce qu'elle a perdu, d'autant moins que cette femme n'est plus d'âge à opérer un changement de structure psychique, comme c'est le cas lorsque la dépression se fait jour en pleine vie.

Si l'on est frappée par une dépression à cet âge, il convient d'abord de rendre visite à une gynécologue pour faire le point sur le taux d'hormones et établir un traitement approprié. Si, au bout de quelques mois, il n'y a pas d'amélioration il faut aller parler de ses problèmes avec « une » thérapeute.

Il est évident que s'opère à la ménopause une véritable « mue » et la femme doit s'adapter à un style de vie où le corps n'est plus l'entrée en matière ni auprès des hommes ni auprès des femmes ; elle ne sera plus « objet » mais « sujet », c'est-à-dire une personne qui dit « je » et non pas « les autres ». Il faut, à cinquante ans, si on ne l'a pas eu jusque-là, avoir le courage de ses idées et de ses opinions, car c'est sur ce plan que s'établira la communication. La femme parvient enfin à ce dont elle a été détournée depuis sa plus tendre enfance : être celle qu'elle *est* vraiment et non plus celle qui *plaît* aux autres.

Il existe encore, dans bien des familles, des aïeules qui ont passé cet âge important sans rien modifier à leur façon de se percevoir et qui restent en tant que grand-mères ce qu'elles ont été en tant que mères : la femme qui se rend indispensable et prend *son plaisir* dans celui qu'elle peut procurer aux *autres*. De temps en temps, à l'occasion d'un compliment, elle a la sensation que rien n'a vraiment changé : c'est toujours des autres que lui vient la reconnaissance de son existence.

L'arrivée dans le troisième âge est le moment d'un changement véritable chez la femme. Car après toute une vie où la société nous a enfermées sous le poids de nos responsabilités maternelles, brutalement arrivent, vers cinquante ans (précisément au moment où s'envolent loin de nous nos enfants), les premiers signes de fatigue inexplicable et les premiers « trous » : ces mots qui capricieusement nous échappent quand nous en avons besoin dans la conversation. *Qui* ne veut pas se souvenir en nous ? Ou *de quoi* ne voulons-nous rien savoir pour que la machine inconsciente se bloque ainsi ?

Ce blocage des souvenirs est une sorte d'adieu que fait notre inconscient à ce que nous avons vécu, alors même que notre mémoire s'avère capable de fonctionner pour de nouvelles acquisitions intellectuelles que nous n'avions jamais eu le temps de faire : c'est le temps de lire, de voyager, de retourner sur les bancs de la faculté pour y apprendre enfin ce qui semblait autrefois superflu. C'est le temps du superflu, des nouvelles amitiés avec des gens de même âge rencontrés à l'occasion de sorties culturelles. Il ne s'agit plus de faire du culturisme ou de l'alpinisme, mais de la culture et de la nature ; c'est là que nous rencontrerons ceux qui sont aussi au début d'une nouvelle façon de « vivre ».

Évitons surtout, après avoir été celle qui a été « la plus belle », de devenir « celle qui est la plus malade »; évitons ces palabres sans fin sur un état de santé qui ne mérite pas plus de commentaires que le « je ne peux pas » du petit enfant. Maintenant nous avons du temps, de l'expérience et de la sagesse. N'est-ce pas ce qui nous a manqué pendant notre jeunesse ?

Ménopause et sublimations

Ce n'est pas si facile de quitter la scène où nous avons toujours figuré comme « belle » pour regagner les coulisses de l'ombre et toutes celles qui n'ont pas su se dégager de leur histoire de compétition avec « l'autre femme », autrement qu'en lui disputant la première place à coups de séduction et de beauté physique, se trouvent au moment de la ménopause devant un insoluble problème avec la disparition de leurs principaux atouts.

Elles sont alors ramenées à la case départ *de l'inégalité* en face d'autres femmes plus jeunes et plus séduisantes qu'elles : ce sont ces femmes qui font des dépressions graves à partir de la ménopause car elles ont tout perdu, ou plus exactement, elles ont perdu ce qu'elles croyaient être « tout ».

Mais elles se trompent car pour d'autres, qui ont vécu avec le bénéfice donné par les hormones, mais en ne négligeant pas pour autant la richesse de leur vie intérieure, il existe un nouveau départ, mais cette fois du côté de la culture et des jeux de l'esprit. Une femme d'un certain âge, qui a connu la vie et peut en parler comme d'un voyage où elle a recueilli de magnifiques souvenirs, n'est-elle pas celle qu'on écoute volontiers? Après le regard sur le corps qui l'a rassurée pendant des années, la femme peut compter sur les ressources de son intelligence et l'expérience qu'elle a de la vie.

C'est le temps où, les armes de la guerre entre femmes étant déposées, il fait bon se retrouver « pareille » à l'autre, mais par le cœur et l'intelligence qui, eux, ne dépendent pas des hormones. C'est le moment de la vie où l'on désire retrouver de vieilles amitiés qu'on avait un peu oubliées et avec qui on peut parler « souvenirs », car si, à vingt ans, il y avait le présent doublé des rêves d'avenir, à soixante, il y a le présent doublé des souvenirs qui donnent son unité à une vie.

La vie sociale du troisième âge a pour la femme la même importance que l'école lorsqu'elle était petite. C'est dans la société des femmes et hommes de son âge qu'elle a envie de prendre la place qui est enfin la sienne et non plus celle des autres. La « vieille dame indigne », ce n'est pas un rêve et si elles n'étaient pas retenues par un mari, un entourage habituel, des principes, beaucoup de femmes au-delà de soixante ans vivraient comme elles n'ont jamais vécu. C'est-à-dire libres... gaies... joueuses.

C'est souvent leur entourage immédiat qui brime leur liberté, sous prétexte qu'à son âge mamie doit se « ranger », et mamie, qui n'en a peut-être pas la moindre envie, se laisse organiser une petite vie bien sage de personne âgée, parce qu'elle a, une fois de plus, le réflexe de « faire plaisir aux autres ».

Certaines femmes se laissent ainsi organiser une vie à part et à partir de là, souffrent de solitude...

Il n'est pas suffisant de s'installer libre et confortable pour être heureux ! Il faut aussi, comme je l'ai dit, avoir des contacts sociaux, des gens avec qui parler, avec qui jouer, avec qui marcher sans avoir à courir. L'important, quand on vieillit, c'est de ne pas vivre *seul*, l'être humain, quel que soit son âge, n'est pas fait pour la solitude ; il a besoin de paroles comme il a besoin de nourriture. Nous restons jusqu'au bout avec un corps et un esprit vivant. Trop souvent, dans l'installation de la grand-mère, on ne songe qu'à son bien-être physique et c'est la catastrophe sur le plan moral, qui ouvre la voie à cette terrible question humaine jusque-là si bien évitée : « À quoi ça sert de vivre ? »

Tant de changements, tant de transformations physiques, tant de joies du corps et du cœur pour se retrouver au soir de la vie devant la terrible question métaphysique de l'utilité de la vie.

C'est pourquoi une femme au-delà de soixante ans vivra d'autant mieux qu'elle vivra en couple et conservera d'autant plus ses facultés mentales qu'elle pourra s'en servir dans l'échange avec les autres.

L'idée de la maison de retraite n'est pas une mauvaise idée, dans la mesure où elle n'est ni une garderie ni un mouroir, mais ouvre sur des activités adaptées au troisième âge ; dans la mesure aussi où la personne, tout en cultivant son présent de tous les jours, continue de voir régulièrement sa famille qui est son passé et le futur de sa race.

La femme au-delà de la ménopause confirmée peut conserver une vie sexuelle, du désir, des sensations érotiques uniquement si elle continue de sécréter d'elle-même un taux d'hormones suffisant, ou si elle pallie la déficience hormonale par la prise régulière d'hormones qui lui assurent la permanence de la libido et des réactions locales nécessaires à l'amour physique. Beaucoup de vieillards interrogés sur leur vie sexuelle ont déclaré continuer les rapports physiques jusqu'à soixante-dix ans et au-delà. C'est plus souvent l'homme qui en est « naturellement » capable, le taux de ses hormones chutant lentement et régulièrement tout au long de sa vieillesse ; la femme, si elle ne s'en protège pas, assiste à une chute brutale de son désir et de ses capacités de lubrification interne.

Le contact profond entre les corps reste toujours « rassurant », car il permet d'éprouver le sentiment inconscient et primitif d'osmose avec l'autre et quel que soit l'âge où se produit l'acte sexuel, il est toujours générateur de force et d'élan à vivre, par le simple fait qu'il permet d'éprouver la symbiose dont nous sommes issues.

La vie humaine ne serait qu'une longue boucle dont la fin rejoint le début, mais tandis que l'enfant doit s'arracher peu à peu de la symbiose avec la mère, le vieillard et la femme âgée tentent de retrouver jusqu'au bout la place du corps et de la tendresse : n'est-ce pas ce dont nous aurons le plus besoin au moment de la mort ?

Que ce soit par des mots ou par des gestes, l'être humain reste ou devrait rester jusqu'au bout en relation de corps et de langage avec ses pareils. C'est ce qui fait sa spécificité parmi tous les êtres vivants et c'est sous forme de couple que contrairement aux animaux nous vieillissons le plus fréquemment et le plus favorablement.

Nul ne devrait rester seul au moment de sa vieillesse car c'est le moyen de n'avoir ni présent ni passé en commun avec qui que ce soit. Il ne reste qu'à contempler le futur proche : la fin de sa vie.

Que dire de ces très vieilles dames qui, du fond de leur solitude, se mettent à appeler leur propre fille « maman » ? N'est-ce pas le signe d'une régression fantastique où la vieille dame refuse ce qu'elle *est* pour retourner à ce qu'elle *a été :* une petite fille qui n'a connu que sa maman...

Table

Cet ouvrage a été réalisé
par la Société Nouvelle Firmin-Didot
Mesnil-sur-l'Estrée
pour le compte des Éditions Denoël
en juillet 2001

Imprimé en France
Dépôt légal : juillet 2001
N° d'édition : 05647 - N° d'impression : 56339